MUNDO HETERO

Últimos títulos publicados en esta colección:

E. Cleghorn, *Enfermas*
C. Cassidy, *¿Quién se comió la primera ostra?*
M. Onfray, *El cocodrilo de Aristóteles*
P. Grimal, *La vida en la Roma antigua*
G. Bronner, *Apocalipsis cognitivo*
T. Arnandis, *¡Eres un milagro andante!*
b. hooks, *Respondona*
T. Phillips, *Verdad*
J. Pereyra, *Guía para sobrevivir en el espacio*
J. McFadden, *La vida es simple*
P. Bren, *El hotel Barbizon*
E. Fromm, *La atracción de la vida*
J. Galef, *La mentalidad del explorador*
R. Salecl, *Pasión por la ignorancia*
T. Aivelo, *Parásitos sin fin*
H. Gardner, *Una mente sintética*
G. Parisi, *En un vuelo de estorninos*
V. E. Frankl, *En el principio era el sentido*
S. Žižek, *Hegel y el cerebro conectado*
J. Sellars, *Estoicismo*
D. García Bello, *La química de lo bello*
B. Hooks, *Comunión*
R. Dunbar, *Amigos*
N. de Grasse Tyson, *Mensajero de las estrellas*
I. Gaspari, *Pequeño manual filosófico para personas emotivas*
S. Black, *Todo lo que queda*
M. Schwartz, *La sabiduría del viejo profesor*
H. Sauer, *La invención del bien y del mal*
J. Baggini, *El Evangelio sin Dios*
Confucio, *Los cuatro libros*
T. Papakostas, *Cómo meter toda la Antigua Grecia en un ascensor*
A. Rutherford y H. Fry, *La guía completa de absolutamente todo*
N. Krishnan, *Una aventura terriblemente seria*
U. Özkırımlı, *Cancelados*
L. Shiner, *La invención del arte*
N. N. Taleb, *Antifrágil*
B. Delaney, *Cómo dejar de preocuparte*
M. Gawdat, *La inteligencia que asusta*
M. Wittig, *El pensamiento heterosexual*
S. Rubayo, *PintorAs vol. 1*
S. Rubayo, *PintorAs vol. 2*
G. Rolón, *La felicidad*
M.Roig, *Mundo hetero*

MUNDO HETERO

La teoría feminista de Montserrat Roig

Edición e introducción de Betsabé García

PAIDÓS Contextos

1.ª edición, marzo de 2024

Paidós es un sello editorial de Editorial Planeta, S. A.
Avda. Diagonal, 662-664
08034 Barcelona, España
www.paidos.com
www.planetadelibros.com

ISBN: 978-84-493-4137-3
Maquetación: Realización Planeta
Depósito legal: B. 3.152-2024
Impresión y encuadernación en Huertas Industrias Gráficas, S. A.

Impreso en España – *Printed in Spain*

PEFC Certificado
Este libro procede de bosques gestionados de forma sostenible
PEFC
PEFC/14-38-00305
www.pefc.es

SUMARIO

to deny a woman teaching lest she may laugh at you; to be the slave of the frailest chit in petticoats. and yet to go about as if you were the Lords of creation.

Orlando, VIRGINIA WOOLF

Y es que el tema de la mujer da miedo. Y da miedo porque va más allá de los condicionantes económicos y sociales de la estructura actual, porque ataca al subconsciente y, atacando al subconsciente, ataca al poder del hombre.

MONTSERRAT ROIG

NOTA PRELIMINAR

Los textos aquí antologados son una joya en la obra de Montserrat Roig. Publicados originalmente en un volumen titulado *¿Tiempo de mujer?*, constituyen una rareza en la producción de la autora, que escribió pocos textos teóricos sobre género. Montserrat Roig traza aquí las líneas maestras de su pensamiento, las que subyacen en toda su obra, desde el artículo periodístico hasta la narrativa.

¿Tiempo de mujer? se publicó en 1980 como una miscelánea de textos: conferencias, artículos periodísticos mezclados con artículos de fondo y entrevistas. En conjunto, estos textos aunaban la voluntad de Roig de, por un lado, encarar el problemático concepto de *mujer*, y, por el otro, ofrecer modelos alternativos de *ser* a aquellas que en España se identificaban como mujeres, herederas de la educación franquista. Un libro que, por el momento histórico en que se publicó, tenía una clara finalidad programática.

En la presente selección, los textos se han reorganizado atendiendo a los grandes temas que componen la obra de Montserrat Roig: la influencia castradora de una mala educación («El patriarcado católico»); la naturaleza del deseo, así como su impronta en nuestros cuerpos («Follar y amar»); el sexo como mecanismo de poder («Un secuestro ontológico») y el debate interminable con el eterno masculino («Feminismo: esa filosofía de segunda»).

Hemos eliminado los textos pertenecientes al género periodístico (disponibles en otros libros), con dos excepciones. En primer lugar, hemos incluido el artículo «La Beauvoir y nosotras» porque consideramos que ilustra el pensamiento de Roig. En segundo lugar, hemos mantenido las enriquecedoras entrevistas realizadas a Samantha y a Kati, por su contenido teórico sobre el sujeto *trans*. Cabe recordar que en la década de 1990, para la generación posterior a Montserrat Roig, lo *trans* irrumpió como nueva perspectiva sobre el concepto de género. De ahí que hayamos incluido estas entrevistas como una aportación que, en la actualidad, resulta útil en la necesaria reformulación y puesta en crisis del sujeto *ser humano* vigente desde la época renacentista. Se han añadido como punto de inflexión con el contexto actual («Trans*histórico*»).

Por lo demás, nos hemos centrado en seleccionar aquellos textos de naturaleza teórica en los que Montserrat Roig reflexiona sobre qué es *ser* mujer en el sentido existencial y en cuanto a significante producido por la cultura.

Sin embargo, más allá del contexto histórico, ni mucho menos tan lejano en el tiempo —o lo suficientemente cercano como para incluso dudar de que pueda considerarse *histórico*—, estos textos aportan un reenfoque sobre la cuestión de fondo de la obra de Roig: la heterosexualidad, hacia la que aún operan ciertas reticencias a plantearla como un problema.

La heterosexualidad es la ley codificada culturalmente en los discursos religiosos desde tiempos inmemoriales. Una ley que, desde el momento en que la soberanía devino cuestión de trascendencia, en cuanto hubo que delegar el poder a una supuesta fuerza superior, ha regulado (y regula) comunidades enteras en el mundo. Una fuerza superior, un dios —siempre con sus oportunos representantes en la Tierra— que exige obediencia ciega a cambio de la perpetua promesa de un orden benefactor (la paz) opuesto a un caos destructor siempre invisible y al acecho (el miedo). En la España franquista, la heterosexualidad se implantó culturalmente a través de la institución religiosa, y de ahí fue codificada en el cuerpo legal franquista. La implantación del fascismo supuso una brutal transformación del sujeto que se plasmó, como es sabido, en la pesadilla de la represión.

Impuesta como sistema social y como política trascendente, la heterosexualidad se encuentra, de hecho, en la base de todo fundamentalismo. Anclada en las instituciones del matrimonio y la maternidad como mecanismos de sujeción, ha promovido que casarse o tener pareja, parir los hijos del *otro*, convertirse, al fin, en *esposa* y *madre*, se perciba como algo *natural* por razón de costumbres ancestrales formadas en una poderosa matriz religiosa cuyos códigos se deslían en la bruma de los tiempos. La heterosexualidad llega a adquirir una significación telúrica que cristaliza en forma de dictadura moral, lo que, en la España integrista en la que Montserrat Roig creció, conllevó la esclavización moral, espiritual, intelectual, física y psíquica de la mayoría de las mujeres, por no decir de todas.

En la presente selección, veremos a una Montserrat Roig que tuvo que enfrentarse a un arduo proceso de introspección para comprenderse y analizarse de forma crítica; para identificarse, primero, como sujeto producido por la dictadura, como una más, como sujeto *mujer*. A partir de ahí, el feminismo anglosajón le brindó las herramientas que, junto con su curiosidad y sus inquietudes artísticas e intelectuales, la llevaron hacia una fórmula de libertad que tradujo en una indagación constante y en un rechazo a encajar en moldes culturales preestablecidos por las instituciones, consciente de la dinámica de las fuerzas patriarcales alineadas en las estructuras de poder. Creó espacios narrativos donde encontrarse consigo misma, aprendió a distanciarse y a observarse como sujeto producido por una ley con la que estaba en franco desacuerdo y halló la perspectiva, cuyo trasfondo puede leerse en los textos aquí antologados, desde la que narrar un mundo hetero.

ESTUDIO INTRODUCTORIO

La heterosexualidad como problema

1. Mundo hetero

Montserrat Roig vivió la educación de las monjas como la mayoría de las niñas españolas nacidas en la Nueva España, siendo víctima de una forma de pedagogía ejercida con altas dosis de violencia intelectual y física. Las monjas aparecen siempre en la obra de Montserrat Roig como figuras fantasmáticas que emergen en el recuerdo de sus personajes. Aquellas mujeres fueron, en su mayoría, agentes del régimen franquista que jugaron su papel en la implantación de la política del miedo. Las niñas (y no tan niñas) se acostumbraron a buscar refugio en la omnipresente estampa de la Virgen, especialmente cuando no había señal alguna de peligro, es decir, el miedo se originaba en la propia sexualidad. La figura de ojos dolientes que resumía el principio de la entrega, el sufrimiento y la maternidad, sin más voluntad que la obediencia, caló en el imaginario de las niñas como un lugar seguro ante un mundo violento que las obligaba a encajar como víctimas hasta que la muerte las separase.

La figura de la Virgen María, en el contexto del fascismo, acrisoló los valores que legitimaron la dictadura. Como veremos más adelante, el poder simbólico de la Virgen es proteico, susceptible de adoptar el significado que se le quiera dar, y durante el fascismo esto no fue una excepción. La historiadora Giuliana di Febo observó que en la Guerra Civil «las imágenes de las vírgenes más populares se adornan con insignias políticas y, continuando con la costumbre iniciada durante las guerras carlistas, reciben "honores militares"».[1] Además, prosigue la historiadora, de que fue fundamental para la construcción de esa Nueva España que se quería ofrecer como un país nuevo, nacido tras la extinción de la República Democrática de España (RDE) a la sombra del fascismo: «El relanzamiento del culto mariano [...] vinculado, primero, al desarrollo de los acontecimientos bélicos, y a las exigencias de legitimación y la consolidación del "Nuevo Estado" posteriormente».[2]

Así pues, la imagen de la Virgen suponía la amenaza de que cualquier intento de rebelión o desobediencia quedaría puesto al descubierto y sería castigado con todo el peso de una justicia no ya terrenal, sino suprema. La Virgen María, una vez asociada al mundo simbólico de la masculinidad (el ejército) y a su correlativa exaltación de la violencia, era significada también como la garante de un orden social indiscutible y natural en el que las mujeres asumían su lugar en la sociedad como un vacío que solo debía ser llenado por la presencia del hijo, como si fueran el negativo de la sociedad. Un hijo creado por una masculinidad omnipresente y todopoderosa (invisible) que *ella* debía convertir en la única finalidad de su vida. La vida de la niña, su cuerpo, perdía todo sentido si no se convertía en *esposa* y *madre* (real o simbólica); del mismo modo que no se podía justificar su existencia si no era por la vía de sometimiento a la Matrix de la heterosexualidad, representada en la Virgen, inculcada desde su infancia en la escuela. Un cuerpo que debía renunciar a cualquier significado con el fin de que, desde él, se proyectase el simulacro que se deriva de la heterosexualidad: la familia. *Ella*, la niña que se educaba con las monjas, debía garantizar la creación de esta unidad de control de base. No resulta extraño que *la familia* constituya un simulacro especialmente revalorizado por los totalitarismos y los fundamentalismos.

Los simulacros políticos generados por las dictaduras siempre anclan sus proyecciones en la heterosexualidad. Precisan de ella porque constituye la premisa básica de una sociedad de control: el sexo es una herramienta clave de control y, con la heterosexualidad, se consigue que un sexo controle al otro. Naturalizar, por tanto, la existencia de *dos únicos sexos* es uno de los primeros puntos (si no el primero) de cualquier agenda fascista. Limitarse a imponer la heterosexualidad como norma o como regla, como *lo normal*, no basta: hay que tildar lo no-heterosexual como *antinatural*, *aberración*, etc.; hay que deshumanizarlo, negarlo. En la España franquista era preciso, por tanto, habilitar los cauces para una correcta circulación del lenguaje del terror que crease espacio para la marginalidad y de ahí justificar la homologación de la función social de la heterosexualidad (por ejemplo: un hogar sano). Tal proceso de naturalización pasaba, por un lado, por el poder legitimador de la tradición y la moral; y por el otro, por la propaganda y la sanción de las instituciones. Las dictaduras suelen encontrar paraestructuras favorables para su implantación en los países de sustrato católico, donde la imagen de la Virgen les brinda un magnífico tres en uno: tradición que aúna propaganda y sanción institucional y, de ahí, moral (la seguridad frente al miedo).

Dictadura e Iglesia suelen relacionarse simbióticamente, a pesar de que la separación de los seres humanos en dos únicos grandes grupos, así como el sometimiento del segundo al primero, pueda hacer que parezca otra cosa; por ejemplo, que la Iglesia es pacífica y el ejército, violento. La colaboración entre ambas no se basa en una distribución de significantes según roles, sino que más bien se establece en términos de productividad. En una dictadura, el ejército se ocupa de producir *hombres*, mientras que la Iglesia suele ocuparse de la producción de *mujeres*. Generan la heterosexualidad como simulacro. La teóloga Marcella Althaus-Reid explicaba el caso de Argentina:

> En Argentina, las salas de exposición eran usadas para presentar con pleno efecto símbolos militares y coronas imperiales. Sables y

> medallas militares eran dispuestos al lado de la Virgen María, a la que se dio el nombre de «generala del Ejército», el femenino de *general*, que, sintácticamente correcto, es título inexistente. No hay generalas en el ejército; así, la cadena de pretextos para simular no tiene fin. [...] De igual modo, los Evangelios, como arte, han presentado durante siglos un simulacro de familia mediante trucos de narrativa escrita, imágenes y representaciones.[3]

En España, en los años inmediatamente anteriores a la Guerra Civil, José Antonio Primo de Rivera defendía que:

> Queremos que el espíritu religioso, clave de los mejores arcos de nuestra Historia, sea respetado y amparado como merece, sin que por eso el Estado se inmiscuya en funciones que no le son propias, ni comparta —como lo hacía, tal vez por otros intereses que los de la verdadera Religión— funciones que sí le corresponden realizar por sí mismo. Queremos que España recobre resueltamente el sentido universal de su cultura y de su Historia.[4]

La Virgen María con adornos y condecoraciones militares, por un lado; el ideólogo de Falange Española reclamando para sí el espíritu religioso, por otro. La Virgen fue, en la infancia de Montserrat Roig y durante los años que vendrían, el código de programación que infiltraba la *imago* de la sumisión en un mundo regido por una violencia (el ejército) percibida como algo *natural*. Una violencia necesaria y esencial, según el fascismo, en el que las niñas adquirían su primera educación asumiendo que o estaban con el mundo o contra él. Un mundo, cabe añadir, que la dictadura se había encargado de perfilar mediante la elaboración de su ficción trascendental:

> La Patria es una unidad total, en que se integran todos los individuos y todas las clases; la Patria no puede estar en manos de la clase más fuerte ni del partido mejor organizado. La Patria es una síntesis

> trascendente, una síntesis indivisible, con fines propios que cumplir; y nosotros lo que queremos es que el movimiento de este día, y el Estado que cree, sea el instrumento eficaz, autoritario, al servicio de una unidad indiscutible, de esa unidad permanente, de esa unidad irrevocable que se llama Patria.[5]

La jerarquización en los regímenes dictatoriales fascistas, establecida por ficciones de superioridad e inferioridad arbitrarias, a veces utilitarias, estructuró al fin un mundo de fantasía piramidal cuyo mantenimiento dependió de la producción de mujeres, regulada por la Iglesia. Reubicadas en el sótano de esta pirámide mediante una extrema violencia institucional, física y moral, cinceladas como sujeto de sumisión, las mujeres se vieron reducidas a matrices (re)productoras de productores. El Nuevo Estado asumía el mesianismo de haber llegado para *liberarlas* del trabajo y guiarlas hacia su *destino natural.* El feminismo de los años anteriores a la guerra, que se enraizaba en los feminismos de finales del siglo XIX de los que surgieron los discursos que analizaban la sociedad desde la categoría filosófica de género (el caso del discurso feminista librepensador), había quedado tan extinguido como la misma República española. De todos los movimientos políticos perseguidos por la dictadura, el feminismo parece que fue el único que fue exterminado por completo. Dos fueron las estrategias fundamentales para liquidarlo: la institucionalización de la Virgen María, que actuaba en el plano simbólico, junto con la imposición de la heterosexualidad en el ámbito jurídico. Hasta la fecha, se desconoce la existencia de algún movimiento feminista clandestino que actuase en las décadas de 1940 o 1950 en España. Incluso en los círculos intelectuales, el desconocimiento de esta forma de pensamiento crítico era absoluto. Montserrat Roig tuvo que recurrir a la tradición anglosajona y francesa (por más que esta última no acabase de convencerla) para formarse, y hubo que esperar hasta bien entrada la década de 1960 para detectar el renacimiento de pequeños núcleos feministas con Montserrat Roig como una de sus líderes.

Los sujetos *hombre* o *mujer* actúan, en general, como dispositivos fundamentales para que la institución sexocultural de dominación/sumisión que legitima el sistema patriarcal funcione. Dicho en pocas palabras: la heterosexualidad es al patriarcado lo que el Estado es a la nación: la Ley. El franquismo instituyó esta dominación/sumisión como sistema de control social mediante el catolicismo, junto a una dinámica política de sujeción que quedaba formalizada en los códigos jurídicos: el matrimonio se conformó como institución fundamental con la que atar los nudos de una red hecha para inmovilizar cualquier intento subversivo identitario.

> La situación de desigualdad jurídica entre los cónyuges era muy evidente. Pero es que además, por si fuera poco, existía la llamada licencia marital, que obligaba a la mujer casada bajo régimen de gananciales —que era el que regía en el derecho común— a que solicitara la autorización de su marido para la realización de diversos actos. Por ejemplo, para abrir una cuenta corriente, solicitar un pasaporte, firmar una escritura pública o cualquier tipo de contrato. Incluso con respecto a la disposición de sus bienes propios, la mujer casada necesitaba la autorización marital.[6]

La teoría feminista de Montserrat Roig que presentamos en este volumen se entrama con la superestructura política de la dictadura franquista (fascismo) y su infraestructura cultural católica. Ella tuvo que lidiar ante una heterosexualidad no solo normativa o naturalizada, sino totalitaria. «"El matrimonio es el sacramento que santifica la unión del hombre y de la mujer y les da la gracia para que vivan en paz y críen hijos para el cielo", dice el Catecismo de la Doctrina Cristiana. Los patriarcas de hoy han modernizado su faz y se presentan como ejecutivos dinámicos y agresivos»,[7] reflexiona Montserrat Roig, apuntando a la violencia como factor estructural clave, inherente a la heterosexualidad, que irá cambiando de rostros pero que seguirá siendo igual. Cierto que el fascismo, por su parte, entendía la violencia como un *valor* connatural al ser humano (igualado en el *hombre*) porque estaba presente en la naturaleza. Una idea que venía a resumirse en la conocida «dialéctica de las pistolas»:

> Y queremos, por último, que si esto ha de lograrse en algún caso por la violencia, no nos detengamos ante la violencia. Porque, ¿quién ha dicho —al hablar de «todo menos la violencia»— que la suprema jerarquía de los valores morales reside en la amabilidad? ¿Quién ha dicho que cuando insultan nuestros sentimientos, antes que reaccionar como *hombres*,[8] estamos obligados a ser amables? Bien está, sí, la dialéctica como primer instrumento de comunicación. Pero no hay más dialéctica admisible que la dialéctica de los puños y de las pistolas cuando se ofende a la justicia o a la Patria.[9]

Y, efectivamente, la violencia fue motivo omnipresente en todos los aspectos de la sociedad española. Por ello no iba a desaparecer en la relación heterosexual, solo iba a cambiar de forma. Así que, para Montserrat Roig, la violencia en la relación heterosexual, lo que hoy se conoce como *violencia de género* (aunque a menudo se confunda con la violencia física ejercida contra una *mujer*, etc.), no cesó con la llegada de la democracia, sino que entonces comprendió que es parte intrínseca, constitutiva y fundamental de la matriz heterosexual. Montserrat Roig no construía sus personajes como bloques: son personajes flexibles, relativos, inquietos. No parte de la idea de que una supuesta esencia humanosexual con origen en la naturaleza y a la que se denomina *hombre* por metonimia (por sus órganos sexuales) detenta la acción dominadora por algún tipo de inspiración o fuerza divina; sino que es el mismo acto de dominación lo que configura el dispositivo existencial *hombre* en la matriz heterosexual. Es en esa dominación, en el ejercicio de la violencia, donde se identifica al *opre-*

sor, el sujeto contra el que Montserrat Roig se posiciona, la violencia cuyo negativo define lo que se conoce como *mujer*. Un *opresor* que iba a resignificarse por la simple razón de que no era una contingencia franquista o falangista o fascista, sino el producto de siglos de cristianismo que, a su vez, había resignificado al patriarca de la Antigüedad clásica, y de quien, en todo caso, el franquismo se valió como mecanismo de control.

Tras el fin del franquismo como sistema y con el comienzo de la desactivación del imaginario católico, por simple lógica evolutiva, se impuso el porno. Este, siguiendo la misma mecánica que había continuado funcionando por inercia cultural como simulación, de nuevo y una vez más, llegaba para *liberar a la mujer*.

> La pornografía uniformiza el cuerpo de la mujer, porque es hija de una sociedad que pretende uniformarnos a todos bajo los mismos esquemas culturales. Los modelos pornográficos acostumbran a mostrarnos cuerpos de mujeres-niñas, pues así se mantiene la imagen infantil de la mujer, o cuerpos de mujeres-madres, porque recuerdan el deseo no realizado del incesto.[10]

Cuerpos que seguían usándose para proyectar simulaciones, cuerpos que *no son*. La matriz heterosexual seguía dando el negativo en la forma de *mujer* para dar a su vez forma al *hombre-patriarca*, que cambiaba de faz según los condicionantes históricos.

Resulta llamativo, en este sentido, el rostro del protagonista en la última novela de Roig, *La voz melodiosa* (1989). Una faz imposible, una cara hecha a fragmentos que prefigura una humanidad no-*natural*. Significantes que remiten al objeto de consumo por excelencia: la comida. A finales de la década de 1980, la cultura de consumo de una globalización por entonces en construcción se había instalado definitivamente en España y anunciaba el viraje hacia las políticas neoliberales que definirían la década de 1990. Este personaje, Alpargata, es construido como *hombre* por la relación de continuidad que mantiene con el personaje-patriarca anterior, el abuelo; y por la relación de simultaneidad (ellas aparecen a la vez que él) con los personajes *mujer* como objetos marginados. Sin embargo, hay algo que permanece intacto. Él posee un poder y, de hecho, la marginación en él será circunstancial, no constitutiva. Al final de la novela, Alpargata es quien consigue convertirse en poeta, erigiéndose como sujeto triunfador, el creador de discursos. La narradora, sin embargo, fracasa.

En la novelística de Montserrat Roig, los personajes que articulan la dominación, la Ley, adoptan rostros diferentes. Desde el líder de la izquierda clandestina, además de intelectual y aspirante a escritor (Jordi Soteres); pasando por el poeta arruinado de antepasados aristocráticos (Esteve Miràngels)[11] o el empresario burgués (Lluís Miralpeix) hasta llegar a la clase obrera. Ahí está el carnicero acomplejado (Horaci Duc) de *La ópera cotidiana*, a quien su nacionalidad (la patria) le conforma en su papel dominador ante la esposa y la hija. En este libro, Montserrat Roig nos muestra el proceso de construcción del sujeto masculino-dominante. Siempre desde la *matrix* heterosexual, se constituye en contrapartida a una anciana (*mujer/no-joven*), a la que ya conocemos, Patrícia Miralpeix. Ella es la que escucha el habla del *hombre*. Es la receptora, la *matriz* que otorga forma a su discurso. Por el contrario, nadie querrá nunca escucharla a ella. Cuando Patrí cia rememora su vida a su sirvienta, más que darse forma, se *de-forma*, fracasa como sujeto dominante, productor de discurso, a pesar de que ella es la *ama*: no se le concede constituirse como sujeto dominante. Ella no puede generar predicados, lo que nos remite a sus reflexiones teóricas cuando la autora confiesa que necesita crear desde la mente de *un hombre*. De igual forma, en la escena del banquete de boda de la sirvienta narrada en *Tiempo de cerezas*, entre historias de mujeres construidas a partir de narraciones de violencia, «el hombre de los ojos separados cantaba canciones contra las mujeres».

El sujeto de dominación va actualizándose en términos de interseccionalidad (no es un «fascista», ni un «burgués» ni un «terrateniente», es decir, los clásicos estereotipos del explotador, es un «hombre»). Por ejemplo, en el momento en que la heterosexualidad produce el significante «padre» como hombre responsable cuidador de sus hijos (no solo como fecundador de matriz), inmediatamente se actualiza el de «madre» como cuerpo (no únicamente como matriz fecundada). El hombre es «cuidador», la mujer «necesita cuidados» y se mantiene así la dinámica discursiva del proveedor y el proveído, la *presencia* y la *falta* que permite que la heterosexualidad siga generando sus simulaciones con el fin de afianzar en su lugar al dominador a la vez que deja la frustración, la sensación de fracaso, de *vacío*, de no-existencia al dominado, una vaga intuición de ser objeto que apuntala el mismo mecanismo que lo somete. Por la misma lógica, si por un lado la fuerza constituye el sujeto de dominación (en el sentido de que ejecuta la violencia), el odio y el resentimiento configuran el sujeto de sumisión:

> Quizá encuentren más deliciosa su venganza en ese papel de víctimas, niñas eternas que marchitan la existencia a base de vengarse del hombre y, cómo no, de las mujeres que han traspasado este umbral... Estamos en lo de siempre: odio al sexo masculino y al propio sexo. Odio al cuerpo [...].[12]

En la matriz heterosexual no se producen *igualdades* más que como simulaciones; si las generase, dejaría de existir, se disolvería. Un mecanismo que, en un nivel semántico y cognitivo, es fácilmente identificable a día de hoy en los significantes que nos rodean. La igualdad no tiene cabida allí donde persista el amo (o el esclavo). Cabe entender, pues, que Montserrat Roig utiliza el término *mujer* entendido como el dispositivo de la sumisión en la *matrix* heterosexual. Fruto de la observación del mundo que la rodea, un mundo político (en el sentido que le dio Kate Millett) estructurado según los principios ideológicos de Falange.

A menudo, sus personajes femeninos eran como las mujeres con las que hablaba tras sus conferencias, que crecieron con la *imago* de la Virgen. No querían nada, no deseaban nada, no hacían nada, no sabían qué hacer; son individuos que andan perdidos. Sin referentes, idealizan, sueñan con *dioses*, y Montserrat Roig casi parece transmitir cierto desasosiego ante la posibilidad de que la heterosexualidad pueda realmente llegar a constituirse como identidad: «Desearlo realmente [el pene], sin las connotaciones de poder, violencia y sadismo que este comporta por razones culturales, requiere un largo proceso de educación femenina».[13]

Las dictaduras, como fue el caso de la de España, instauran ejes de dominación que se transmiten por una simbología fálica. Se proyecta a partir de imágenes que son expuestas, reproducidas incesantemente con el fin de programar su espacio político. Así pues, la Virgen resultó la imagen que rubricaba la omnipresencia del pene (presente por vía de su ausencia) asociado a todas las connotaciones violentas derivadas del dispositivo militar. Por su parte, como ya hemos señalado, la figura de la Virgen, en tanto que *no es*, admite todos los significantes que se le quieran otorgar.

La heterosexualidad no constituía (ni constituye), por tanto, una opción sexual, una identidad (la heterosexualidad, como afirma Montserrat Roig en los textos que aquí ofrecemos, se aprende), sino que más bien instituye una estructura de opresión que el fascismo se reapropió para sí y que estructuró a todos los niveles para afianzar su poder. La heterosexualidad produce un sujeto dominante que ostenta los códigos de la *matrix* y que garantiza la (re)productividad del sistema, lo que en algún momento pasa por conceder derecho de existencia a grupos disidentes (en el sentido de que la cuestionan) con aparente permisividad, como estrategia política necesaria para que la *matrix* desarrolle nuevos significantes, actualice sus simulaciones. Los órganos sexuales con los que nazca el individuo que actualice la dominación, que garantice el funcionamiento de la dinámica heterosexual, son relativos, no definitorios ni concluyentes. Al fin y al cabo, los significantes *hombre* o *mujer* producidos por la heterosexualidad no tienen nada que ver con los genitales.

Montserrat Roig, hasta un cierto punto al estilo de Mundeta Claret, protagonista de *Ramona, adiós*, consiguió desentrañar los mecanismos de dominación que habían trabajado y trabajaban para constituirla como sujeto de sumisión. Una de las conclusiones más destacadas de la autora, como se puede leer en estos textos, es que las *mujeres* deben aprender a ser solteras.[14] Cuando escribía estos textos, la autora ya conocía el análisis marxista, había vivido en Bristol y dominaba el inglés, el francés y el italiano (algo poco común en la época) y se hallaba inmersa en la lectura del feminismo americano. Por tanto, sabía que las estructuras de poder no se limitan a las funciones representativas parlamentarias, sino que se articulan desde la sexualidad, como lugar desde el cual se manejan los mecanismos psíquicos que, en el caso de una dictadura, se traducen en códigos jurídicos. En este contexto político y de lecturas, Montserrat Roig entendió que no se trataba de una lucha de *mujeres* contra *hombres* o viceversa (entendidos como «fecundador» y «fecundado»), sino que había que apuntar a la *matrix* que los producía como sujetos, hacia la heterosexualidad con la que el franquismo había operado, con la que operaba el Partido Comunista, con la que opera cualquier forma de poder.

Montserrat Roig se cuestionó su *yo* femenino y desplegó sus dudas sobre una *esencialidad* femenina. Deudora del feminismo anglosajón, observó las transiciones entre el sujeto de dominación (*hombre*) y el sujeto de sumisión (*mujer*) que operan en su proceso creativo. Y es en estos términos, como sujetos de sumisión producidos por la *matrix* heterosexual, en los que se plantea la posición de las *mujeres* en la jerarquía piramidal del conocimiento incluyéndose a sí misma:

> ¿Y qué le podemos proponer a estas mujeres que no tienen ni trabajo ni formación? Únicamente si se sujetan al modelo propuesto de buena-ama-de-casa-y-madre-comprensiva-y-excelente podrán, en cierta manera, vivir en paz. ¿Quién soy yo para desgarrarles este modelo?[15]

El libro *¿Tiempo de mujer?* se publicó en 1980, el mismo año en que Adrienne Rich publicaba su *Heterosexualidad obligatoria y existencia lesbiana*. En una línea parecida a la de Rich, Montserrat Roig se planteó la mecánica de la heterosexualidad con la que estructuró el argumentario de su obra periodística, pero también, y sobre todo, las tramas de su obra narrativa.

2. Teología del Tupperware

En *Tiempo de cerezas*, novela de referencia, Montserrat Roig describe un encuentro que tiene lugar en la casa de Sílvia Claret. Los sábados, Sílvia suele recibir a tres amigas: Teresa, Dolors y Merche. Comparte con ellas gimnasio y recuerdos del colegio de monjas de la infancia. En esta ocasión, las mujeres se han reunido para una sesión de Tupperware. Exhiben el muestrario de cajas de plástico, de diferentes tamaños y formas, y deciden si comprarlas o no. Las mujeres han llegado acompañadas por sus correspondientes maridos, hombres con cargos directivos, típicos representantes de la clase media, nada interesante. Ellos, en el despacho: coches, geopolítica, fútbol, puro y brandy. Ellas, entre la cocina y el salón: fiambreras, conchabanzas, fetichismo y té. Todo se dispone de manera que, si nos paramos a observar, parece la simulación de una escena higiénicamente orquestada según el imaginario fílmico estadounidense. Sin embargo, al cabo de un rato, en un *in crescendo* a lo Flaubert, la simulación va poco a poco disipándose hasta dejar al descubierto los mecanismos que la están generando, la maquinaria de subconscientes que la proyectan y sus engranajes, que no dejan de dar vueltas sobre sí mismos, el mismo discurso compartido una y otra vez.

Son mujeres heterosexuales, felizmente heterosexuales: casadas y madres. Su habla gira y retorna una y otra vez a aquel primoroso objeto en apariencia inofensivo que focaliza el centro de la escena. Práctico, incoloro, insípido, no pesa, flexible, fácil de limpiar. Sirve para almacenar sobras entre tantísimas otras cosas que no es preciso repetir, pero lo más curioso es la idea que subyace en aquel invento de plástico: creado para envasar al vacío, para preservar el vacío. A veces, el táper desaparece de la conversación y entonces el tema se desvía hacia los *hombres*. Charlan en péndulo, siempre de una cosa a la otra, oscilando entre el vacío y el falo. Los táperes vienen a ser una especie de convidados de plástico que asisten indiferentes a la cháchara. Su presencia, en principio anodina, un objeto más de la escenografía, va adquiriendo relevancia hasta alcanzar una dimensión simbólica. Devienen motivo-interruptor que apaga y enciende el habla de las mujeres, que provoca las interferencias que nos permiten intuir que efectivamente estamos ante una simulación. Cuando el motivo se acciona en la narración, la simulación se proyecta; todo está en orden, vida-feliz-sin-problemas; pero cuando se apaga, solo una cosa queda expuesta al desnudo: la máquina que proyecta.

«"De ilusión también se vive", dijo Sílvia; todas se echaron a reír.» Con esta frase se anuncia el mutis de los maridos, que se habían reunido en la casa para ir a ver un partido de fútbol y la reunión de Tupperware queda, como los maridos, relegada a un rincón. El motivo-interruptor desaparece junto con ellos, quedan fuera de campo porque asumimos que su existencia, la de los maridos y Tupperware, continúan en algún lugar más allá. Acto seguido, el alcohol y los pasteles vienen a ocupar su lugar y las mujeres se lanzan a llenarse de bebida y dulces mientras se van desnudando. La simulación se apaga del todo. Ahora vemos la máquina expuesta en todo su simbólico esplendor. Los cuerpos *femeninos* se lanzan a exhibir sin pudor el mecanismo secreto de sus engranajes. El sujeto del discurso, hasta entonces fragmentado por la presencia del *logos* masculino (el orden del mundo), que percibíamos distorsionado por el constante encendido y apagado, adquiere de repente una nueva coherencia discursiva, una fluidez paródica.

Un *continuum* que ha desencadenado una apariencia de caos,

amalgama de religión católica y sexualidad. Es el combustible que alimenta las simulaciones proyectadas desde sus cuerpos, cuando el falo y el vacío se alinean en perfecta conjunción que simula escenas reproduciéndose en sucesión, las que van encadenando las vidas de los personajes del universo Montserrat Roig, siempre oscilantes entre el vacío y el deseo. Una suma de simulaciones que solo puede llevarnos a una conclusión: estamos ante un simulacro. *El simulacro*, por mejor decir, del que Montserrat Roig parte para su creación novelística, rizoma de su discurso creativo: el simulacro de la heterosexualidad.

Las cuatro amigas no son víctimas inocentes de un supuesto Estado represor que las oprime. Son plena y libremente conscientes de su complicidad en él, saben que viven *en* y *de* una ilusión. Se constata una intuición cínica en la frase, que puede apreciarse más en el original catalán porque la frase se dice en castellano (Montserrat Roig sentía que las frases en castellano tenían algo de sentencioso, tajante, totalizador, y es cierto. Mezcladas con el catalán, además, adquieren un tono cínico un tanto siniestro). Esa *ilusión*, de la que también se vive, o más bien, de la única de la que viven, constituye el disparo de salida a la *performance* paródica que se disponen a protagonizar. Remedan tipos y arquetipos del catolicismo en el que se educaron, referentes compartidos, disfrutan de las simulaciones que sus cuerpos son capaces de generar usándolos por unos instantes sin finalidad productiva, por pasarlo bien, con finalidad lúdica.

El hecho es que ellas nunca imaginan que sus cuerpos puedan servir para alguna cosa más que como proyector de simulaciones. Así que, en formato parodia, imitan personajes *femeninos* del universo mítico católico. Se ríen —cosa curiosa y reveladora por otra parte— solo de *mujeres* (nunca parodian a *hombres* como a Cristo, o a los santos, o a los apóstoles o, ya puestos, a Dios, aunque este último es comprensible porque su sexo no está nada claro, de lo que ya hablaremos más adelante). Parodian a santas, vírgenes o monjas y es en ese devenir que son, proyector de alteridades, personajes sin identidad incapaces de asumir (menos de inventar) una propia, en el que Montserrat Roig nos brinda el acceso a la fuente de las simulaciones, al modelo original:

> El modelo que debían seguir era la Virgen: una imagen que no manifestaba ningún indicio de error o suciedad moral. Era una imagen extraordinariamente limpia, fiel a las características recomendadas por el Dogma de la Inmaculada, una imagen alejada de las mezquindades reales —la angustia de las familias para comprar fruta de calidad o el aburrimiento de las larguísimas tardes de domingo—, una imagen que condenaba de antemano, a quien quisiera imitarla, al más rotundo fracaso.[16]

Las cuatro amigas son presentadas como un ejemplo de lo que Adrienne Rich denominó las «devotas hijas del padre». Y al igual que la Virgen, ellas nunca manifiestan ningún indicio de transgresión; todo lo contrario, sostienen el simulacro de la heterosexualidad. Alguien podría pensar en algún momento que mezclar religión y sexo es provocador, pero nada más alejado de la realidad. Son dos caras de la misma moneda. La escena es a todas luces conservadora, los dos mecanismos que la generan se muestran nítidamente en la escena: el porno blando, por un lado; y el uso del género paródico, por otro.

En cuanto al porno blando. A pesar de encontrarnos ante un cuadro de cuatro mujeres adultas en ropa interior jugando a azotarse, a castigarse, tocándose o interpretando roles, no se atisba ningún signo que refiera homosexualidad. Ninguna voluntad de experimentar o de explorar una sexualidad alternativa, ninguna voluntad de saber. Es una escena complaciente, respetuosa, absolutamente devota al falo. El falo (el *hombre*) se sitúa fuera de campo, no se ha desvanecido, y es en este *aparte* cuando se da la condición *sine qua non* para que la escena tenga lugar: que ellos se vayan actúa como detonante. No se niega al falo-*hombre*, no se le contradice, no se rebelan, lo veneran. Sus dictámenes son obedecidos, la ausencia les dicta cómo actuar. El falo-*hombre* adquiere, en todo caso, una dimensión *voyeurista*: no las miran, sino que desean ser miradas; ahora son, por fin, protagonistas de una de sus simulaciones, lo que hasta un cierto punto puede ser la causa de que resulte eróticamente excitante para una fantasía heterosexual.

En segundo lugar, cabe recordar que la parodia no constituye un género transgresor. La parodia no ambiciona transformar nada, al igual que las cuatro mujeres: no aspiran a transformar sus cuerpos, su visión del mundo, no luchan. La parodia, más bien al contrario, hace las veces de espejo colocado en las manos de Perseo. Confiere a una realidad de por sí temible, cruel, terrorífica, monstruosa, cualidad de inteligible, aprehensible, objetiva, en la medida que la sitúa como entidad ajena al sujeto; además la presenta como manipulable, ya que el espejo permite proyectar una variedad de perspectivas sobre lo reflejado, según el ángulo que se adopte. El espejo nunca es neutro. Con la caricaturización —pongamos que se trate de un espejo de feria—, ya sea a través de la deformación hiperbólica o como antítesis performativa, se limita a mostrar en calidad de realidad objetiva, irrefutable, expresable en la popular fórmula conservadora de *así-son-las-cosas-qué-le-vamos-a-hacer*, aquellos signos más temidos, más aterradores, otorgando con el reflejo una aliviadora unidad al discurso fragmentado de lo observable, deformando tales signos de manera que el sujeto los reconfigure según conveniencia en el pacto social, atribuyéndoles un significado que, de hecho, solo es asignable a la imitación (el reflejo). Pero de ilusión también se vive, lo sabemos bien.

La parodia, ya se sabe, es un género conservador. Puede ocurrir que incluya elementos de sátira, es decir, que aporte algún elemento de un discurso alternativo y que, por tanto, persiga el desenmascaramiento, la denuncia; pero entonces estaríamos ya entrando en el terreno de la crítica (social o política), de lo que no aparece ni rastro en estos cuatro personajes femeninos. Así pues, por la misma naturaleza especular que el tono paródico viene a otorgar a la escena, junto con la cualidad omnipresente (proyección psíquica entendida por la ausencia física) del falo, esta escena apunta más bien hacia el imaginario del narratario al sugerir indicios espectrales, *fantasmáticos*. Dicho de otro modo, es una escena que busca provocar la autocrítica, el cuestionamiento, la indagación, en definitiva, el escándalo.

«Éramos *Esposas del Señor* al recibir la primera comunión y sabíamos que teníamos que guardar un altar dentro de nuestro cuerpo», explica Montserrat Roig en «La venganza de los débiles». «Devotas hijas del padre», dijo Rich. Las cuatro mujeres asumen, en lo que no pasa de travesura infantil, roles fácilmente identificables de la teología católica que reproducen como lo que en realidad son: simulaciones eróticas. Al final de la escena, la simulación debe volver a cambiar. Las cuatro mujeres retoman dóciles sus vidas-Tupperware, ideadas para preservar el vacío, higiénicas, fáciles de limpiar. Se ponen bajo la ducha y listo: aquí no ha pasado nada porque en definitiva así es. No ha pasado nada.

> Dejó que el agua, bien caliente, le chorrease por encima, el humo del vapor ascendía y ella casi se escaldaba con él. Se restregó el cuerpo con la esponja, pero la encontró suave y cogió la piedra pómez. Se frotó y refrotó con tanta fuerza que el cuerpo se le puso al rojo vivo. Así, bien limpia, se dijo.[17]

No olvidemos tampoco que el mundo mítico de Montserrat Roig se despliega en torno a la clase media, con la que siempre se mostró crítica y hasta mordaz. Son mujeres conservadoras por dictado social, jamás se rebelarán. Ellas interpretan su función social como cohesionadoras de un sistema en cuanto personajes secundarios (en el mejor de los casos). Un sistema económico y social —como todos los sistemas— que, siempre y cuando cumplan su función, las mantendrá como corresponde, es decir, económica y socialmente. Productos, desconocidas para sí mismas, enigmas que interpretan roles bajo máscaras grabadas con sus propios rostros, no es extraño verlas en busca de espejos: «Solamente cuando subía en ascensor y se miraba al espejo casi iniciaba un paso de danza y, a medio batir de alas, clavaba sus ojos en los ojos de la figura del espejo y se decía: "Nena eres tonta"».[18]

Mujeres que rememoran su vida, su infancia o adolescencia, sus aspiraciones, sus ilusiones en la forma de un rostro *otro* que nunca acaba de devolverles el *yo* que llenaría su vacío, que las integraría en algún tipo de identidad. Los discursos existenciales les resultan confusos, nada suena *real*:

> Costaba distinguir, entre todo lo que contaba la abuela, las cosas reales de las imaginadas. Se hacía un lío con las fechas, los lugares y las personas que formaban parte de su relato, todo se volvía una especie de maraña en que la infancia, la adolescencia y los años de su matrimonio se antojaban una masa compacta y única. Mundeta llegó a sospechar que sobraban fabulaciones.[19]

La máscara de una monja o una santa pueden también valerles, en cuanto estas se encuentran en la base del aprendizaje de las simulaciones que deben proyectar. Fue el primer *yo* reducido a objeto, predicados enunciados por sujetos elípticos. Han seguido el modelo de la Virgen, que no parece servirles de nada, ni para ser mujeres conservadoras. Un modelo como una verdad compartida a cuatro manos que no acaba nunca de articularse, pronunciarse, de mostrarse y que, por lo tanto, no intentan ni transgredir. La conciencia Tupperware solo se destina a conservar algo para mantener el orden, y es buena para las economías. Los personajes de Montserrat Roig intuyen que habitan un simulacro, que hay algo que no es verdad, como el modelo de la Virgen que les han dicho que deben seguir. La pregunta es hasta qué punto saben que son las responsables, las autoras de las simulaciones que proyectan.

Vayamos por partes. En primer lugar, tomar como modelo a la Virgen es asunto complicado, por no decir tarea imposible, ya que la Virgen no es un personaje real y, por no ser, no es ni un personaje de ficción. Carece de lo que en resumidas cuentas define a cualquier personaje: sus decisiones. Hasta negarse a tomarlas implica en sí una decisión. De ella no podemos decir que se trate de una mujer conservadora, reaccionaria o *ultra*; desde luego no es ninguna rebelde, tampoco progresista. No sabemos nada de sus ideas sobre la justicia o cuáles son sus aficiones (conocemos las de María Magdalena), o —transijamos con el estereotipo— qué piensa del amor. Ella no pide nada, no exige nada, no desea nada, no hace nada. Apenas aparece en el relato bíblico y ni tan solo su nombre es demasiado original: las mujeres alrededor de la figura de Cristo tienden a compartir el mismo. Así pues, ¿qué hay en la Virgen para que llegue a ser figura protagonista, manzana de la discordia, estandarte de dictaduras fascistas y asunto lo bastante serio como para ser punto caliente en un cisma que iba a fragmentar a una todopoderosa Iglesia católica?

Los protestantes no podían aceptar la veneración a la Virgen porque esta no ostenta (tampoco en la religión católica) la divinidad: no es una diosa, solo Dios debe ser venerado, así que los protestantes, devotos de su conciencia, se negaron a confundirse con los católicos en tales prácticas, en las que adivinaban trazos de paganismo. En el transcurso de una entrevista televisiva a Montserrat Roig, en la que salió a colación el nombre de la escuela de su infancia, Divina Pastora, ella misma señaló que tal nombre constituía, de hecho, una herejía. Sin embargo, ahí estriba una diferencia crucial. Los protestantes consideraron que María era una mujer real cuyo papel, claro está, era servir como modelo de la mujer perfecta, por lo que se le concedieron atributos susceptibles de ser imitados: la modestia, el recato, la obediencia, la sumisión o el silencio. Mientras, para el catolicismo, la Virgen María adoptó la consistencia ontológica de una imagen, un símbolo matriz objeto de veneración.

En este sentido, la teóloga Marcella Althaus-Reid, en su obra *La teología indecente. Perversiones teológicas en sexo, género y política*, analiza la figura de la Virgen María y observa que la Virgen no representa ningún rol (género) concreto. La Virgen es significante de una matriz sin mancha, es decir, una matriz que concibe sin eyaculación, lo que traducido a términos católicos se conoce como Inmaculada Concepción. La teología, explica, es un acto sexual y su representación exhibe connotaciones que, efectivamente, nos refieren el porno:

> Las mujeres y disidentes sexuales en general son meramente representados para consumo del construido lector heterosexual masculino. Sus imágenes pueden fijarse en situaciones de dolor y tortura sexual, aceptables en la historia del cristianismo. Por ejemplo, podemos verlo como una película pornográfica de segunda clase, donde Eva pare siempre con dolor, Tamar es interminablemente violada por su hermano, Jesús pende desnudo en la cruz, manos clavadas y sangre manando de la corona de espinas que ciñe sus sienes, María dice que sí al primer ángel de su vida presente de pronto en su habitación. ¡Qué teología más queer esta, en el anticuado sentido de «raro»! La teología indecente fuerza a la teología porno blanda (a saber, la teología sistemática) a asumir su verdadera naturaleza dura y mostrarse con la crudeza de sus construcciones sexuales.[20]

Así que la amalgama de religión católica y erotismo que mueve a las cuatro mujeres no constituye más que un devoto homenaje a su educación católica, un acto político de adhesión.

La Virgen, como las santas, es una imagen, pero no una *mujer*. Ellas, Virgen y santas, no son modelos que sirvan para la vida, no ofrecen actitudes que imitar o ideas que adoptar. No se trata, por tanto, de que las *mujeres* en la tradición católica hayan sido invisibilizadas, porque la invisibilidad implica una existencia previa para luego poder ser negada. Algo que sí parece ocurrir en las culturas protestantes (pienso en la anglosajona, la cultura que influyó a Montserrat Roig), en las que, efectivamente, se ha incidido más en la *invisibilidad* o el *ocultamiento* de las mujeres a partir de dictados morales como obediencia y sumisión, sujetas a la palabra de los *hombres*, sometidas a las leyes con incapacidad de acción, de transformación, relegadas a la última fila, a escuchar y callar, meros objetos reproductivos del sistema. En la literatura anglosajona se aprecian un sinfín de mujeres repudiadas por *hombres*, confinadas, aisladas o apartadas. En *El cuaderno dorado*, novela mencionada por Montserrat Roig de una de sus autoras de cabecera, narradora de la heterosexualidad, Doris Lessing narra el proyecto de construcción de un personaje masculino en «una novela corta que se titulará *El hombre que se ha liberado de las mujeres*»:

> Un hombre de unos cincuenta años, soltero, o que tal vez estuvo casado una corta temporada: la mujer ha muerto o se ha divorciado. Si es americano, está divorciado, pero si es inglés tiene a la mujer encerrada en algún rincón, puede que incluso viva con ella o compartan la misma casa, pero sin un verdadero contacto emocional.[21]

Sin olvidar el famoso caso de la hermana de Shakespeare o la habitación propia de Virginia Woolf, queremos mencionar su soberbio *Orlando*, que iba a elevar a la superficie la idea del género como constructo psíquico. Un discurso que recientemente ha sido adoptado por una cultura católica como la española, y que a menudo chirría en tanto que concepto impostado. Puede leerse como indicio de que el género en España se ha entendido más desde una perspectiva segregacionista —en el sentido de que el dispositivo *mujer* se interpreta como un margen de la ciudadanía que reivindica su visibilidad desde los límites marcados por una heterosexualidad normativa: esposa (o compañera) y madre—, o que incluso se postule como *identidad* más que como un sistema filosófico que aporta una mayor lucidez discursiva. Vale la pena recordar a Judith Butler, cuando señalaba que la *identidad* es normativa, no descriptiva. Es decir, y esto ha pasado también en otras culturas, un feminismo que dicta lo que debe ser una *mujer* o, peor aún, lo que debe ser una *feminista*. Ser *feminista* interpretado como *identidad* implica tener que asumir un conjunto de expresiones que reivindican la presencia de lo que acaba por adoptar rasgos sospechosamente similares a los de un grupo social disidente, apartado del mundo, *invisible*.

Sin embargo, en la literatura española las mujeres *no son*. No hay aislamientos o confinamientos llevados a cabo por parte de los *hombres* y sus leyes, porque parece que no hay nada que aislar o confinar. Ana Ozores, Fortunata y Jacinta, la tía Tula, Yerma. Adela, como sus hermanas de *La casa de Bernarda Alba*, no es confinada por un *hombre*, sino por su madre. Hay un largo etcétera. Son personajes sin rol alguno en sus sociedades, personajes vacíos. El drama de Ana Ozores, por ejemplo, una mujer que busca desesperadamente un modelo a seguir, algo que ser —hasta una mártir le va bien en un momento dado—, le da igual. Los personajes femeninos en la literatura española sufren auténticas agonías existenciales, enfrentados a un abismo identitario:

> Yo, encorsetada por las citas y muerta de miedo, vomitando su vida y su miseria a través de cifras y frases «brillantes», yo, que estoy a caballo entre la naturaleza y la cultura. Yo, que ya no sé quién soy. A quién pertenezco. Cuál es mi mundo. Yo, que quisiera llamarme todos los nombres de las mujeres. Y no llamarme ninguno.[22]

Los *hombres*, en cuanto suma de significantes de la masculinidad, no constituyen motivos que expliquen su situación de opresión en el material literario. Los personajes femeninos no forman parte del mundo político (de las estructuras jerárquicas del poder), y cuando fracasan redundan en su propia desgracia; ellas solas se encierran. Triunfen (no suele pasar) o fracasen, parece que las leyes, en el sentido moral y jurídico, nada tienen que ver con su constructo. Ellas son *otro* mundo situado en algún otro lugar, en un *más allá*, y casi siempre la maternidad —no el hecho de parir y sus consecuencias, sino la mística de la maternidad— suele formar parte de sus avatares de una forma u otra. Montserrat Roig expresó su sorpresa ante cierta crítica a sus novelas que subrayaba que ella conseguía hacer del mundo de las mujeres algo interesante, a lo que respondió que nunca pensó que escribir sobre mujeres fuera escribir sobre *otro mundo*, que siempre había creído que solo había uno.

Claro que existe un buen número de diferencias entre protestantismo y catolicismo que no vamos a abordar aquí. Por mencionar alguna generalidad, cabe señalar la independencia de conciencia, el derecho y la responsabilidad del primero, que se determina por la obligación de leer los textos bíblicos y sus enseñanzas. En contraposición, la dependencia de pensamiento de la cultura católica, basada en el dictado desde una élite lectora que se arroga el derecho a la interpretación de dichos textos ante una base no-lectora, que debe aceptarla sin rechistar so pena de herejía y sus consecuencias: un sistema de conocimiento más que vertical, piramidal. Así, mientras en el protestantismo la figura de María fue susceptible de interpretaciones que luego se articularon en el tejido social, generador del modelo *puritano*, en el catolicismo, la abstracción simbólica de una imagen colocada en lo alto de una pirámide la convirtió en un símbolo inaprehensible, inimitable. De forma parecida a los personajes femeninos en la literatura española, la Virgen María no existe, *no es* y de ahí que cualquier intento de imitarla lleva, como cabe esperar, «al más rotundo fracaso», incluido el ontológico.

Seres perdidos en la nada. Su obligación no es obedecer, callar y recatarse, sino *no* ser, de modo que seguimos la línea de Irigaray, la *mujer* no existe. En definitiva, la Virgen no se puso ahí como un modelo social de mujer perfecta a imitar, lo que nos lleva a interrogarnos sobre su importancia teológico-cultural, por qué una supuesta *mujer* era de repente tan importante:

Si el nacido es un hombre/mesías, en la economía divina significa que no ha nacido una mujer/mesías; ha sido excluida de nacer. Es la Virgen María (constructo teológico), no una mujer, la que deviene madre. Mujer-madre y niño, y la Sagrada Familia en general, son conceptos unidos a una teología sacrificial. No es una mujer la que queda encinta y pare, sino que en la simulación ha ocupado su sitio una virgen ilusoria. Nace un Niño Jesús, no una niña. En ambos casos, las mujeres han desaparecido del relato de familia y han sido sustituidas, en el caso de la Virgen, por una simulación, una imitación de mujer que desde entonces ha hecho difícil la existencia de mujeres reales en el cristianismo.[23]

Razón teológica para justificar su invisibilización o su extinción, la Virgen no es una *mujer*, por eso era tan importante. Es el medio necesario para que Dios se convierta en *hombre*. La Virgen es necesaria porque es matriz, lo que entronca con el concepto aristotélico de *vasija*, con la tradición pagana de la Antigua Grecia. De modo que:

> [...] la «trama» de la familia evangélica se encuentra en el origen de esta desaparición de los cuerpos de las mujeres en la génesis de la irrupción del Mesías en la historia, bien porque aquellas jamás nacieron o simplemente, como en el caso de María, porque *no eran*.[24]

Su ausencia es *naturalizada* para que su lugar sea ocupado por la *familia*. Sus cuerpos no existen, nadie los echa en falta cuando no aparecen en la realidad discursiva. Las mujeres no son sujetos, pero tampoco objetos. Son el vacío, la matriz que debe llenarse con la vida de un *hombre*, lo que permite atisbar el absurdo de nuestras sociedades actuales, en las que el aborto no se contempla como un derecho constitucional, fundamental. Los cuerpos de las mujeres no son sujeto de ley. Las leyes se conciben desde un cuerpo masculino, el nacido, el que *es*. El cuerpo *mujer* aparece tan solo como matriz diferenciadora, para la que se hacen leyes *aparte*. No resulta extraño, pues, que el aborto sea, de hecho, uno de los temas protagonistas en la novelística de Montserrat Roig. La Virgen María es símbolo de una estructura de poder, (re)productora del *ser humano* porque simboliza la supresión de los cuerpos *otros*. Ella es la imagen que los sustituye, la *imago* que las mujeres trascienden mediante la proyección de simulaciones.

«De ilusión también se vive», exclama Sílvia Claret, y la Virgen es una *ilusión*. *Imita* pero no representa un sexo. Representa una matriz-vasija fecundada que da a luz a un hijo varón: ella solo existe en la imagen de la madre y el hijo. Representa la familia nuclear cristiana con la particularidad de que ha quedado encinta sin haber sido penetrada, sin eyaculación, sin sexo, sin pecado original (ella tampoco ha sido nacida), *Inmaculada Concepción*. La Virgen es un simulacro de sexo. Un coito que no fue y que a la vez no puede negarse porque un evidente embarazo sale en su lugar para sustituirlo. La Virgen es, en todo caso, la *matrix* de la heterosexualidad. Una heterosexualidad como simulacro.

Imitarla es negarse el *ser* en favor del *otro*, sostenerlo en el poder mediante la autoanulación, comprenderse como máquina de (re)producción de cuerpos y como proyector de simulaciones, en concreto, de la maternidad y el matrimonio. Estas simulaciones resultan clave para perpetuar, *naturalizar*, la heterosexualidad. Pantallas que ocultan los engranajes de los dispositivos del poder patriarcal. Imitar a la Virgen no es lo mismo que imitar a María. Imitar a María es adoptar un modelo de comportamiento social, como es el caso protestante. Imitar a la Virgen es ser heterosexual, reproducir las simulaciones de matrimonio y maternidad que se encuentran en el principio también de la imitación de María, eso nadie lo cuestiona, como no se cuestionaba la virginidad de Cristo. La heterosexualidad que define al hombre por su presencia y a la mujer por su ausencia mediante la que se reproduce la institución de la familia cristiana:

> [...] la familia evangélica es una presentación cuya función se pone en escena solo como mostrador del cuerpo masculino del niño Jesús, los códigos genéricos del vestir y las posturas corporales de la Virgen, así como la conceptualización de un Dios/Cristo que personifica el comportamiento de una divinidad masculina.[25]

Y de ahí que:

> [...] la familia evangélica es una simulación en dos actos [...]: sexual y económico. No es un producto estable, y no ha generado un modelo de simulación definitivo para la familia en la historia, aunque el simulacro de familia primordial posee eso que Baudrillard dio en llamar «la calidad del ensueño», que ha venido dirigiéndose y haciendo impacto en la vida diaria a través de la influencia ejercida por el cristianismo.[26]

Así pues, *mujeres* como sujetos que preservan el vacío, la *matrix* de la heterosexualidad, la *imago* Virgen María que refiere la sumisión a un *hombre* o la consagración a *Cristo*. Al padre o al hijo, qué más da. La cuestión es *no ser*, ni como esencia ni como devenir, un vacío listo para ser llenado.

> La mujer se valora solo a través del hombre que convive con ella porque ya desde niña se la ha educado para que su superego sea más débil. Muchas mujeres «triunfan» como personas a través de su relación con el hombre.[27]

Los personajes femeninos como Sílvia Claret no se cuestionan, no indagan, no investigan el propio deseo, no salen al exterior, no se aventuran, imaginan que hay un mundo que no es el suyo porque ellas habitan un simulacro. Se refugian en el «ensueño» con el que preservan un estado infantil de conciencia:

> Es el miedo al vacío, a la edad adulta, a la evidencia del fracaso. No hay ninguna base, ni subjetiva ni objetiva, para comportarte como

un ser maduro. El deseo subyace en lo más hondo de nuestro ser: en aquella adolescencia perdida que se vivió tan mal.[28]

«Sílvia se enamoró de Lluís porque eran tan hombre como su padre, decidido y con genio como él, y, además, porque tenía la misma manera de bajar los párpados que Clark Gable en *Lo que el viento se llevó*. El día en que lo vio en la masía de Gualba él estaba al pie de la escalera y ella bajaba; pensó, mira, yo soy Vivien Leigh bajando la escalera y él es Clark Gable que me espera abajo», narra Montserrat Roig en su *Tiempo de cerezas*. Mundeta Ventura, de *Ramona, adiós*, siempre narra la desesperación con que buscaba a su marido, creyéndole muerto en un tono deliberadamente melodramático, cuando, al final, resulta que solo se había pasado de bando. Sin mencionar las fantasías de la propia abuela Ramona.

> Como Emma Bovary, los términos comparativos de bodas eternas, de corazones sangrantes o de almas en vilo, las transportaban hacia otros mundos inimaginables, unos mundos en los cuales todas soñaban ser protagonistas imperecederas.[29]

De la misma forma, vemos al especulador Joan Miralpeix en el momento en que «acabó la guerra y se inició una época en la que todo lo que tocaba se corrompía, todo menos el cuerpo de Judit, un cuerpo de nieve que se encendía como la brasa...». La heterosexualidad acaba pues por constituirse en el denominador común de la novelística de Montserrat Roig, trasfondo que su teoría feminista desentraña:

> Después de la necesaria ruptura con el papel que nos han impuesto, después de redescubrir nuestro cuerpo en la soledad, después de empezar a sentir un placer autónomo, después de dejar de ser «vasijas» y de haber profanado para siempre la fatalidad bíblica, cuando cada relación amorosa empiece y acabe en sí misma, sin temer

> nada a los fantasmas de la reproducción, comenzará la libertad para nuestro universo: para nuestro cuerpo humano.[30]

3. La sagrada familia: el padre y la virgen

> Cuántas mujeres, todavía hoy, están impregnadas de aquello de «¡hemos venido a este mundo para sufrir!». Versión popular de la maldición bíblica. Sufrir con los hijos, sufrir ante el esposo, sufrir con las menstruaciones, sufrir en el acto sexual —que empieza con sangre—, sufrir en el momento de parir. La maternidad dolorosa, la Virgen con los siete puñales clavados en el corazón... Sufrir cuando el marido te pega o el padre te maltrata.[31]

Montserrat Roig parte en su teoría, y así parece articularse en sus novelas, de la crítica hacia la heterosexualidad, cuyo origen cifra en la matriz por excelencia, la Virgen María. En ningún momento hacia algo vagamente denominado «hombres» o como apología hacia alguna otra cosa llamada «mujeres». La autora catalana es perfectamente consciente del funcionamiento del género y establece la heterosexualidad y sus simulaciones (matrimonio y familia) como el problema en el que se asienta la dinámica de la dominación patriarcal, principio de explotación, abuso y anulación existencial sistemática de las mujeres.

La condena de la sexualidad como pecado para las mujeres, y también su práctica concebida en términos criminales en el contexto de la dictadura, que se podía llegar a pagar con la propia vida, propugnaba la autoanulación del deseo y el rechazo al propio cuerpo, generando el vacío que había que satisfacer con la *imago* de un *hombre* (el falo) que, como ya hemos señalado, iba cambiando su faz según los condicionantes económicos y sociales.

De momento solo se conocía un enemigo concreto: el propio cuerpo. Y era un enemigo terrible, por ser tangible y real. Se empezaba a difuminar el concepto de virginidad, aquel concepto abstracto que las monjas habían luchado por impregnar en las mentes de las colegialas.[32]

El deseo, generado por la *ausencia* del propio cuerpo, se determinaba en: «La adolescente, gracias al sentido que empezaba a comprender de ciertas canciones o películas, soñaba con momentos inefables y únicos, quién sabe si por un insatisfecho deseo de supervivencia o notoriedad».[33]

Un deseo que, como ya sabemos, solo Mundeta Claret conseguirá solucionar. Las mujeres como Sílvia Claret quedaban atrapadas en aquel estado de infantilismo que las perpetuaba como seres dependientes económica y socialmente, *sujetas* a los maridos, tal vez porque, como señala Judith Butler: «El deseo de supervivencia, el deseo de "ser", es un deseo ampliamente explotable. Quien promete la continuación de la existencia explota el deseo de supervivencia. Prefiero existir en la subordinación que no existir».[34] Sílvia opta, como sus amigas, por seguir en el mundo de la simulación. Al fin y al cabo, en el mito cristiano, la sexualidad se introdujo como mecanismo psíquico de poder en la constitución del mismo sujeto *mujer*, conformado en la matriz heterosexual. El sujeto femenino busca su liberación, como el «esclavo» de Hegel, para acabar en un estado de autoesclavización, como recordaba Judith Butler. Así pues, Sílvia Claret opta por vivir en la fantasía, como personaje que quiere «paz»; dicho de otra manera, acepta su rendición sin condiciones ante la violencia de su marido:

> [...] el paso del infantilismo a la madurez por parte de la mujer requiere múltiples y agotadoras batallas cotidianas. Es difícil discernir cuándo se trata de una concesión entre dos iguales o de una claudicación de la que está acostumbrada a ser vencida. Pequeñas luchas que se amontonan y que se convierten en resentimiento.[35]

Era mejor anular el deseo en la propia conciencia que librar batalla contra no se sabía a ciencia cierta qué. Montserrat Roig recordaba de su educación que «la finalidad de tu *conocimiento* del hombre, en sentido bíblico, no es el placer sino la reproducción, así quedaba asegurada la economía y se mantenía el equilibrio de lo instituido».[36] Es decir, la virginidad solo podía perderse para la producción de hijos, de forma que el matrimonio se constituía como la institución que sellaba el destino del sujeto de sumisión, por cuanto «se convierte en el punto neurálgico de la castración total que sufre la mujer. El matrimonio la ha convertido en una niña, no solo ante sí misma y ante el marido, sino también ante el mundo».[37]

Sin embargo, como también podemos leer en estos textos, Montserrat Roig era consciente de que la familia no era producto del capitalismo, como ya había analizado Friedrich Engels. De hecho, como es sabido, tampoco era producto de la ingeniería social del cristianismo. En todo caso, la cristiandad recogió el testigo de la pervivencia productiva del sistema heterosexual, cuyo núcleo, *conditio sine qua non*, era la virginidad.

La virginidad de las mujeres funcionaba como garante de la pervivencia de la familia en cuanto institución organizadora de la sociedad y en cuanto familia patriarcal. En Roma y en la Antigua Grecia, la virginidad ya operaba como la garantía del *génoi* (línea de descendencia paterna). Así que sin virginidad no había familia posible, por lo que la estructura social hubiera escapado al control político y, como señala Montserrat Roig, el hogar mantiene una función:

> El hogar se convierte entonces en la escupidera de las crisis externas, la vasija sentimental del daño cósmico. No hay ninguna otra relación que te garantice este equilibrio de afectos y de comprensión. La sociedad no está formada por comunidades más amplias. Está formada por parejas.[38]

Así pues, Dios, ese ente *abstracto* sin genitales pero al que se atribuye sin género de duda una sexualidad masculina (como ya hemos explicado anteriormente, la heterosexualidad es opaca a los órganos sexuales), elige para fecundar a su hijo a una niña que aún no ha mantenido relaciones sexuales, se entiende por ello el coito. Como en la Antigua Grecia, el hecho de que no hubiera mantenido relaciones sexuales con otro hombre era automáticamente entendido como garantía de que *Él* era el padre. Sin embargo, el asunto se complica en cuanto María se casa con otro hombre. Es por esa razón que María debe permanecer virgen toda su vida, debe ser la Virgen.

No obstante, en Grecia, la ausencia de práctica sexual tras el matrimonio se consideraba más bien algo negativo. Si, por un lado, los antiguos griegos creían en la necesidad de que la prometida en matrimonio fuera virgen, la *parthénos*, hasta el punto de que no se relacionase en ningún sentido con otros chicos, por otro, no consideraban la virginidad como algo sagrado o divino (las diosas, excepto Atenea, y otros seres mitológicos mantenían relaciones sexuales). No era algo que hubiera que mantener a lo largo de toda una vida para ninguno de los dos sexos (entendidos desde su capacidad reproductora). El sexo en sí no adquiría los significantes de pecado y muerte que se leerán posteriormente en el cristianismo. Más bien todo lo contrario. La negación a concebir hijos podía llegar a verse incluso como una afrenta a la comunidad: la descendencia era percibida como fuente de riqueza, de prosperidad colectiva.

La *pureza* en el mundo griego sugiere, por tanto, más la fidelidad sexual, la exclusividad en las prácticas eróticas, que la ausencia total de la práctica erótico-sexual a cualquier edad. Lo que sí se tomaba en serio era el adulterio. Si una mujer casada mantenía relaciones con un hombre distinto a su marido, esto suponía la pérdida de la *honra* de este, en el sentido que ya hemos indicado de que ponía en duda la paternidad de sus hijos:

Jenofonte, en su *Económico*, un célebre tratado sobre la gestión del hogar, expone la forma en la que debe comportarse una mujer: «¿Y qué podía saber cuando la recibí por esposa, si cuando vino a mi casa aún no había cumplido los quince años y antes vivió sometida a una gran vigilancia para que viera, oyera y preguntara lo menos posible (VII, 5). En definitiva, la mujer se hace depositaria del honor (*timé*) del marido».[39]

La línea paterna para la constitución de la familia se basaba en que los cuerpos de las mujeres eran considerados meras *vasijas* donde se desarrollaba la semilla, el principio de vida, que había sido depositado por el hombre. Idea que seguía siendo vigente para la Iglesia católica en el momento en que Montserrat Roig se educaba en el colegio, y todo lo que de ella se deriva. Por parafrasear las palabras de Aristóteles, el cuerpo de las mujeres era la arcilla con la que el cuerpo de los hombres hacía bebés. En cuanto al resto, en los tiempos de la Antigua Grecia:

> [...] los escritos médicos tienden a definir a la mujer como un animal imperfecto, como un «macho mutilado», cuya condición húmeda las liga al mundo de la inestabilidad, la demencia, la naturaleza y la condición salvaje [...]. De esa manera, la mujer es concebida como un animal al que es necesario embridar bajo las reglas del matrimonio.[40]

Sobre lo que Montserrat Roig comentaba:

> Las religiones, las leyes, las costumbres, la cultura, etc., han sido causa y efecto del miedo, de la angustia del hombre ante el «poder» de la biología femenina, del poder materno de la mujer.[41]

Los *hombres* (entendemos aquí los seres humanos carentes de matriz) se veían obligados a reproducirse en un cuerpo que poseía la capacidad de hacerlo y en el que no se reconocía, no le servía como espejo de sí mismo ni de su descendencia. «Quizá parte de la historia del hombre por dominar la Naturaleza no es más que un arduo y victorioso esfuerzo para sublimarse a sí mismo al sentirse "inferior" biológicamente»,[42] reflexiona Montserrat Roig.

Efectivamente, pero no solo. En esos cuerpos, ellos habían depositado su *honra*. Había, pues, que someter la matriz que se hallaba en el otro cuerpo. No tanto la maternidad como el hecho de parir constituía un poder. Con apenas pronunciar una palabra podían poner en entredicho el lugar de sus maridos en la sociedad, sus posibles riquezas, sus derechos, amigos y contactos, podían hundirle la vida. Solo con que la madre dijera en algún momento que su marido no era el padre de sus hijos garantizaba su ruina. Y cuando la mujer daba a luz, cuando se debatía entre la vida o la muerte, todo pasaba a depender de lo que ella decidiese pronunciar. Ciertamente, el marido tenía la ley de su parte a la hora de denunciarla, solo que:

> [...] el conflicto entre honor y legalidad es fundamental y persiste en nuestros días. Pues recurrir a la ley en busca de desagravio es confesar públicamente que te han agraviado y la demostración de vulnerabilidad pone en peligro tu honor, peligro del que no le salva en absoluto la «satisfacción» de la compensación legal de manos de una autoridad secular.[43]

Más de un autor de la Antigua Grecia llegó a maldecir el hecho de tener que depender de las mujeres para tener hijos, lo que dio luz verde a toda una corriente de la literatura misógina. Un mal parto, un marido violento, un embarazo de otro hombre y la escena quedaba dispuesta para, tal vez, una última venganza o un grito de desesperación. Lo cierto es que con la llegada de las religiones monoteístas, los hombres desaparecieron de la escena del parto, como nos recuerda Montserrat Roig:

> El mundo del islam y el cristiano, en la Edad Media, sometieron todavía más que en la Antigüedad el cuerpo de la mujer. Asistir a un parto

era una profesión sucia. No hacía falta ningún conocimiento para asistir a un parto, que era cosa de mujeres, una cuestión menor. Los descubrimientos realizados en el mundo clásico, el griego y el romano, fueron barridos por la civilización cristiana. En la Edad Media no se practicó la cesárea, conocida en Egipto, y los Padres de la Iglesia sentían, respecto al parto, lo mismo que frente a la mujer: que se trataba de la encarnación del diablo. Se prohibió a los hombres presenciar los partos y se exhortó a las comadronas a que su preocupación principal no fuera la atención y bienestar de la madre, sino el bautismo de la criatura *in utero*, con una jeringa de agua bendita si era necesario.[44, 45]

Había que callarlas. Desautorizar sus palabras, lo que iba a dar lugar a una tradición que llega hasta nuestros días, y que en la dictadura franquista solo se recrudeció.

«Mentirosa», «negada de razón» (loca), «vengativa», «violenta»... ellas tenían el poder del rumor. La violencia heterosexual podía llegar a adquirir tintes trágicos, desembocando incluso en el asesinato de la esposa. Tal vez no haga falta recordar *Otelo* o —infinitamente más triste— los casos de las mujeres asesinadas a día de hoy, víctimas de la misma violencia que sigue, tras miles de años, funcionando como engranaje clave de la heterosexualidad. Todo vale con tal de que la palabra de las mujeres pierda valor ante la sociedad, de que pueda ser siempre rebatida o, lo que resultaría óptimo, no escuchada, ignorada, como es el caso de Patrícia Miralpeix. Garantizar el fracaso de constituirse como *mujer*, como sujeto discursivo de dominación. En la creación de los mitos, en la propagación de los tabúes, en la institucionalización de las leyes, en el refugio solitario de la literatura y del arte, el hombre, muerto de miedo, no ha hecho más que intentar definir a la mujer y apropiarse simbólicamente del «poder» de la biología femenina.[46]

En puridad, por tanto, es el *kyrios*, el *hombre*, el invisible. Para constituirse como tal, como *kyrios*, tiene que asumir y ejercer, por tanto, su rol de opresor. El cristianismo recogía esta tradición, con la diferencia de que el sexo adquiría la connotación de pecado que debía sublimarse mediante la maternidad:

> Nuestras madres han aprendido a perfilar la «vocación de la maternidad» de nuestras abuelas, y estas, de las bisabuelas. Vete a saber hasta dónde llega el hilo que nunca ha sido roto. «Maternidad es vocación. Maternidad quiere decir sacrificio, renuncia, responsabilidad [...]. La mujer tiene que ir al matrimonio ilusionada con la maternidad y sintiendo esta vocación [...].»[47]

Los cuerpos de *mujer* (la matriz) se consolidaban como unidad clave en el funcionamiento de la sociedad que debía seguir el modelo simulado transmitido por la iconografía católica:

> [...] una presentación cuya función es ponerse en escena solo como mostrador del cuerpo masculino del Niño Jesús, los códigos genéricos del vestir y las posturas corporales de la Virgen, así como la conceptualización de un Dios/Cristo que personifica el comportamiento de una divinidad masculina. De igual modo, los Evangelios, como arte, han presentado durante siglos un simulacro de familia mediante trucos de narrativa escrita, imágenes y representaciones.[48]

Controladas por su matriz, como símbolo que sostenía el patriarcado católico:

> Las lecturas, las películas, el arte en general, cuando querían mostrar un gran amor, auténtico y apasionado, lo realizaban de espaldas al matrimonio. La otra cara era, como diría Engels, la prostitución. O quizá eran dos caras de una misma moneda, su legalidad o ilegalidad, importaba poco en el momento de calibrar a una mujer.[49]

Obligadas a ser madres, so pena de quedar proscritas a la marginación y a la disidencia, más allá de la simulación, en la miseria de lo *real*. El sujeto dominante se conforma así en la matriz heterosexual mediante un brutal acto de violencia al disgregar al sujeto dominado, seccionando su corporeidad de su inconsciente. El cuerpo queda dividido según términos lógico-cartesianos: de cintura arriba, la intelectualidad, lo noble; de cintura para abajo, el sexo, todo lo grotesco, lo vil.

> El cristianismo ha regulado la escisión entre el cuerpo y el alma. Entre la idea y el objeto. Después, las leyes se han encargado de codificar los mitos y los tabúes. Las costumbres nos han hecho creer que esta escisión era consustancial a lo que se llama «naturaleza humana». El cristianismo ha separado a los seres humanos diciendo que ya seremos iguales en el cielo. Escisión entre la idea y el cuerpo, entre lo masculino y lo femenino. Entre el poder y su negación.[50]

Los hombres se reconocen en la parte superior del cuerpo, la parte *pura*; hacia abajo todo lo que se relacionará con las mujeres, quienes solo pueden ocupar el espacio inferior (el sótano de la pirámide). Pertenecen al reino de la suciedad y se genera, ante tal mutilación (la *falta*), el asco hacia el propio cuerpo, que se concibe como sucio: «El tabú no nos ha dejado asumir la menstruación como un hecho libre de nuestro cuerpo»,[51] dice Montserrat Roig:

> Para mí, durante mucho tiempo, hacer el amor con la menstruación era una «suciedad». La regla es también muy a menudo nuestra coartada: nos permite no trabajar con tanto brío en faenas que a menudo nos disgustan. Muchas mujeres dicen a sus maridos que tienen un «desarreglo de ovarios» permanente y así no tienen que forzarse a hacer el amor, cuando les angustia la sexualidad del macho.[52]

La violencia es, por tanto, la infraestructura necesaria para la pervivencia de la *matrix* heterosexual en su dinámica de dominación y sumisión. Sin violencia, se queda sin combustible, se para, deja de generar simulaciones. Ahí entra el matrimonio como válvula de seguridad por cuanto consolida la violencia como un acto *natural* y se normaliza en cuanto adquiere el estatus de *legalidad*: «En el matrimonio es cuando la mujer vive la esclavitud desarrollada en su grado máximo»,[53] concluye Montserrat Roig.

4. El eterno masculino

Las representaciones de los sexos en el seno de la cristiandad no resultan ni *naturales* ni espontáneas. Montserrat Roig se pregunta cuando se enfrenta a la transexualidad: «¿Qué sexo es Dios?». La heterosexualidad parte del constructo sexual masculino y femenino, lo que llegará a desarrollar y a implantar el sistema de identificación binario ampliamente conocido en función del rol dominador/sometido adquirido. Sin embargo:

> Nuestros dioses son queer porque son lo que queremos que sean. No hay definiciones ni modelos finales, sino solo identidades flexibles y maleables prestas a realizar el acto divino de acuerdo con las pautas del poder. [...] Tener relaciones sexuales con una mujer no puede interpretarse como prueba de la heterosexualidad de Dios Padre, ni la preñez de María debe relacionarse con una concepción heterosexual de la feminidad. Dado que las identidades sexuales emergen entre relaciones de subordinación y dominación política, este punto representa una prueba crucial para nuestra imaginación religiosa.[54]

Si nos retrotraemos al primer cristianismo, constatamos que, efectivamente, la imagen de Cristo no existía. Cristo no tenía representación icónica alguna. Las manifestaciones simbólicas de aquel primer cristianismo se expresaban mediante significantes abstractos, mensajes ocultos que nada tenían que ver con la *imagen* de Jesucristo hoy de sobras conocida. Los cristianos querían desvincularse de las prácticas religiosas romanas, cuyos ritos, como es sabido, se basaban en la adoración de imágenes.

Los primeros cristianos buscaban desvincularse de la idolatría de las imágenes. Manifestaban su fe, su militancia política, con símbolos. Rechazaban la idolatría pagana, buscaban representaciones abstractas tales como la cruz, el famoso pez, el ancla o mediante rebuscados códigos secretos cifrados en juegos de palabras accesibles solo a un cristiano, significantes que los anudaban como comunidad. Como mucho, llegaron a utilizar imágenes de Jonás, el hombre engullido por una ballena de la que consigue liberarse y volver a la superficie, para simbolizar a Jesucristo, por cuanto ambos regresaban del mundo de los muertos siendo más sabios: la victoria sobre la muerte sin haber de pasar por un cuerpo de mujer era librarse al fin de la inseguridad que les suponían sus propios órganos sexuales. Rechazaban, pues, de lleno la representatividad icónica. Habría que esperar trescientos años hasta que finalmente se elaborasen las primeras imágenes de Cristo que, por lo demás, nada tenían que ver con la *imagen* que hoy todo el mundo reconoce.

La búsqueda de un rostro para Cristo iba a suponer, claro está, el reto de establecer su identidad sexual. Es cierto que, en las primeras representaciones, Cristo es retratado como el dios del sol romano, como Apolo. Joven y bello, con el rostro de un púber de actitud resuelta, al fin y al cabo es un dios hijo de otro dios, ya sabemos que la madre no tiene más papel que el de haberle dado forma humana. Cristo como un adolescente en la flor de la vida con la capacidad de dominar la naturaleza, de operar milagros con los que maravilla a todo el mundo, que desafía incluso a la muerte, como se recordará en el milagro de la resurrección de Lázaro. Cristo es Apolo, dios del sol portador de esperanza, de salvación, como la luz del día. Ambos comparten la capacidad de controlar la naturaleza. Sin embargo, su orientación sexual resulta siempre dudosa por su calidad de *muchacho*. Otra de las primeras imágenes de Cristo, cuya representación icónica podríamos fácilmente tildar como *queer*, es un Cristo intencionadamente ambiguo desde una lógica binaria, por cuanto se le representaba con senos de mujer y sexo masculino. Así se observa en el mosaico del bautismo de Cristo en el río Jordán, en Ravena, en el Baptisterio de los Arrianos:

> Desafiante, mostró su trofeo: un pene rosado, largo y hermoso como un badajo de campana mayor de catedral. Los intelectuales contemplaron en silencio la octava maravilla, el sexo completo. La perfección. La mujer, pues, no era mujer y, por lo tanto, no era sexo puro. La mujer era como ellos. La mujer era el falo. Ellos eran la mujer. ¡Excitante simbiosis![55]

De esta forma relataba Montserrat Roig la admiración del público ante la actuación de Bibi Andersen. Una línea parecida a la sensación de plenitud que las primeras figuraciones de Cristo debían mostrar. Con la representación en el Baptisterio de los Arrianos, el Cristo que se alejaba de la iconicidad propagandística romana ultramasculinizada se desvinculaba de la arrogante masculinidad del dios Apolo. Cristo no podía, al igual que Dios, ostentar una identidad sexual, ya que dicha categoría es, *per se*, excluyente, y como venía a decir san Pablo, todos los cristianos debían ser *Uno*, como Cristo. Así, en principio, Cristo carecía de identidad sexual, al igual que Dios. Sin embargo, cabe pensar que no se trataba de representar a un Cristo *a-sexual*, sino más bien *a-genérico*, es decir, representar la unión de los dos sexos entendidos como contrarios que mediante tal unión se absolutizan, se separan en la base de la sociedad de las funciones que la sociedad les atribuye. Al unirse los sexos en sentido reproductivo en un único cuerpo, Cristo se desvinculaba de una identidad de género. Sin rol (re)productivo en la sociedad, Cristo quedaba separado de la tradición pagana. Dios, como Cristo, no puede representar un rol de género. No son humanos. Son la Divinidad.

> Platón, en su *Banquete*, dice que los dioses formaron primeramente al hombre en figura esférica, integrando los dos cuerpos y los dos sexos. La Alquimia presenta al Rebis o ser Andrógino como uno de los caminos de la felicidad. Se trata de la conjunción de los opuestos y el cese del tormento de la separación de los dos sexos. Del sol y de la luna. El principio masculino y el principio femenino. Heráclito de Éfeso, mucho más dúctil que Platón, vio que la oposición de los contrarios, su lucha, constituye el principio de la vida. Al mismo tiempo, la unidad del Cosmos increado y eterno aleja de todo caos esos términos opuestos que ella limita uno en función de otro. El motor de la vida del Universo está formado por la tesis-antítesis fundamental entre lo uno o lo permanente y el cambio. Pero estos contrarios nada tienen que ver con el hombre y con la mujer.[56]

Efectivamente, los primeros cristianos se hallaban todavía cercanos a la tradición pagana. La ambigüedad sexual ya se encontraba en los dioses paganos como rasgo de divinidad. Completos en sí mismos, no experimentaban la ausencia, no eran presa del deseo. Eran totales, eran mismidad, no experimentaban la fragmentación. Del mismo modo, en los ensayos-entrevista que elabora Montserrat Roig, lo que destaca es que la transexualidad no parece encajar con ningún rol (re)productivo en la sociedad, que carecer, por tanto, de identidad de género es lo que confinaba a las personas transexuales a la marginalidad. Cabe recordar que los sujetos no producen, sino que son producidos por los sistemas, por los códigos, por las leyes. Efectivamente, como señala Montserrat Roig: «Estos contrarios nada tienen que ver con el hombre y con la mujer». La transexualidad nada tiene que ver con la matriz heterosexual.

¿Se insinúa, pues, que Cristo era transexual? No parece plausible. Lo que se insinúa, o lo que se muestra, es que Cristo es divinidad. No hay correlato objetivo, no es un retrato. Como ya se ha señalado, los cristianos no estaban interesados en la idolatría de la imagen. Cristo era abstracto. No se trata de representar al emperador de Roma *como* un dios, sino establecer que Cristo *es* Dios.

Las primeras representaciones de María, la madre de Cristo, datan más o menos de las mismas fechas, incluso son algo anteriores a las de Cristo (ella no es una diosa, como ya hemos explicado). Pero esas primeras representaciones están lejos de presentarla como la «Reina del cielo» o la «Virgen». Es la representación de María como madre, imagen de la familia, la que dará pie a la distribución de roles en la sociedad cristiana y la articulación de la heterosexualidad tal y como nos ha llegado hasta hoy. Es con la invención de María como símbolo de la maternidad, una vez despojada de toda relación con la realidad, cuando surge la heterosexualidad como Ley en el cristianismo. María es madre, fecundada sin mancha; cuando Cristo se presenta ya con los atributos del hombre adulto, dios de dioses, no es ya como Apolo, sino como Zeus. Solo que este Zeus no se caracteriza por su voracidad erótica, por la fecundación de bellas mujeres por las que siente una irreprimible atracción sexual. Su única *partenaire* sexual en este asunto es, de hecho, su madre. La madre que es, por lo demás, virgen. El sexo quedaba así trascendido al mito, y la exigencia de *pureza* pendería sobre la cabeza de todas las mujeres como una espada de Damocles.

Dios no ostenta órganos sexuales explícitos porque no ha sido nacido. Dios es completo. No tiene deseos, tiene voluntad, es universal, *esencia*. Judith Butler, en su reconocida obra *El género en disputa*, señala precisamente que el masculino es, en realidad, el universal, sujeto ontológico, y que no se constituye propiamente como género, que, de hecho, solo existe un género: el femenino. Sin embargo, Adán fue creado a su imagen y semejanza. Es cierto que se menciona que Dios crea al *hombre*, sin embargo, no deja de resultar curioso que Dios no cree a los dos sexos por separado:

Eva (la madre) saldrá del cuerpo de Adán. Así pues, ¿puede suponerse que Adán, el primer hombre, fuese creado con ambos sexos, como un ser perfecto, a *imagen y semejanza* de Dios y la creación de Eva fuera solo el resultado de separarlos? La aparición de Eva va a suponer el nacimiento de la identidad sexual en la matriz heterosexual y, de ahí, la noción de pecado.

> Al adquirir conciencia de tu condición te dicen: eres así porque eres hija de Eva. Eres Eva y, por consiguiente, madre. Así lo expresa el Génesis, cuando dice que Eva significa, precisamente, «la madre de todo lo que vive». No una persona sino una madre. Eva sería la resignación, el gran útero que envuelve al hombre, que lo seduce y lo acuna, Eva sería el bien, la edad dorada, el paraíso perdido para el hombre que se siente desvalido ante el mundo de fuera, creado pero no amado por él, un mundo hostil y agresivo.[57]

Los sexos macho y hembra son representados como progenitores. Productores de descendencia, lo que naturaliza a ambos sexos en aras de la procreación. El sexo, como hemos visto, justifica la genealogía de Cristo. Así pues, ambos sexos debían verse representados en la divinidad en la reducción que el cristianismo había hecho a uno, al Uno. «Cuerpos, géneros y deseos se hacen *naturales* en la matriz heterosexual», añade Judith Butler. Había, pues, que *naturalizar* el rol, el género femenino en la nueva sociedad cristiana. Cristo nacerá de una mujer, o para ser más exactos, de una niña.

Se convendrá en que todo hubiera sido más sencillo si Cristo hubiera nacido de un coito entre un ser con órganos sexuales masculinos y otro con órganos sexuales femeninos que hubieran dado lugar a una preñez. Claro que en ese discurso habría también que asumir que el ser con órganos sexuales masculinos ostentase un género masculino (dominador) y que el ser con órganos sexuales femeninos ostentase un género femenino (sumiso). Todo sería de una simplicidad pasmosa y hasta se podría establecer la *igualdad* de géneros sin más. De hecho, ya existiría, y la filosofía de género no tendría lugar, puede que jamás se hubiese planteado. La heterosexualidad sería algo efectivamente surgido de la naturaleza y asunto resuelto. Sin embargo, como la razón heterosexual no tiene nada de natural ni relación alguna con el funcionamiento más bien entrópico de la naturaleza, resolver el asunto de la masculinidad de Cristo, hijo de un dios único y universal en una matriz heterosexual, no resulta tan sencillo.

Se pueden trazar diosas antiguas del Mediterráneo que simbolizaban la fertilidad. Desde el punto de vista artístico, el modelo de Madonna (Virgen amamantando al niño) se localiza en algunas estatuillas de Isis en el antiguo Egipto, diosa egipcia de la fertilidad. En la antigua Grecia, el concepto de fertilidad se asocia también a una deidad femenina con la figura de Gea (la tierra) y también de Rea. Isis era la madre de Horus, el dios de los cielos, que se vincula con el Apolo griego y, como ya hemos indicado, a su vez se relaciona con Cristo. Solo con la aparición de la *imagen* de la Virgen, Cristo podía ya asumir la universalidad investido por los atributos de la masculinidad. Cristo se había convertido en un hombre con barba, símbolo de la sabiduría, sentado en su trono. Cristo había pasado de ser Apolo a ser Zeus. Cristo ya no solo era el Hijo, era también el Padre.

Zeus, como es sabido, era en la teogonía griega el hijo de Cronos y Rea, ambos hermanos. Rea es el flujo menstrual, la regla. Hija de Gea, la madre tierra, Rea representa la fecundidad, el parto. Cristo, que ostenta los atributos de Zeus, debería haber sido hijo de una diosa, sin embargo, ya sabemos que la Virgen —como todas las representaciones femeninas de la cristiandad— no ostentará tal categoría. Solo había un único Dios, y este era quien la había fecundado. Tal vez para respetar el tabú del incesto, la Virgen será por tanto solo una niña mortal, sin ningún tipo de acceso al poder más que rogar, sometida a la humillación eterna. Su voluntad es siempre sometida en una clara metáfora de violación. Montserrat Roig, en su teoría, alude a la cuestión del consentimiento con una referencia a la *Odisea*:

No hace mucho explicaba *La Odisea* a mi hijo de siete años y a mi sobrina de once. Cuando terminaba de explicar el preámbulo, es decir, cuando los aqueos vencen en la guerra de Troya y llevan a Helena otra vez junto a Menelao, mi sobrina me hizo una pregunta clave:

—Y Helena, ¿estaba de acuerdo?[58]

Tal vez pronunciase el «hágase Tu voluntad». Dios es, por tanto, una fuerza, la fuerza. La fuerza capaz de someterlo todo y a todos. La fuerza considerada cualidad viril. El empoderamiento del sexo masculino se debe en gran medida a la atribución de estos significantes que nacen de la violencia cuando se ejerce contra la voluntad *otra*. Uno de los episodios más escalofriantes narrados por Montserrat Roig es el de la mujer que se acercó a ella tras una conferencia para contarle cómo su marido la violaba de manera sistemática:

> Mi marido, antes, me dejaba tranquila. Solo me obligaba a «hacerlo» una vez cada quince días, pero ahora es una lata, no me lo puedo quitar de encima. Muchas noches llega con un montón de revistas pornográficas, porquerías de todas clases. Las lee una por una, con calma, después de cenar, y luego va a la habitación y me despierta. «¿Qué quieres?», digo. Y no me contesta nada, se echa encima de mí, y, hala, a follar. Yo solo tengo ganas de acabar, de que acabe, para seguir durmiendo. ¿Eso es lo que ahora llaman libertad?[59]

Como señalaba Montserrat Roig, el porno no iba a liberar a la mujer; no más de lo que lo había hecho la Sección Femenina de la Falange o el cristianismo. La autoanulación, la autoesclavización, la supresión de los cuerpos a imitación del modelo de la Virgen (más tarde de la actriz porno) propugnadas en las escuelas desde la infancia hasta las instituciones en la adultez, solo consagraron, como la invención de la Virgen en el imaginario cristiano, el derecho al ejercicio de la violencia, tanto simbólica como física, como constitutivo del sujeto de dominación en el sexo masculino, el padre o el hijo, tanto daba. La invisibilidad del *kyrios* en el proceso de reproducción, en la creación de su descendencia, dejó de ser un problema. La *mujer* era solo una matriz y cuando era improductiva, *no era*. La universalidad quedaba así ceñida al sexo masculino, de tal forma que ni tan solo precisaba de genitales en la *matrix* heterosexual para *ser*. Era el sujeto dominante, todopoderoso.

Montserrat Roig se percibía como *mujer*. Los textos que aquí presentamos desvelan la ardua interrogación, la dura búsqueda de constituirse como sujeto creativo capaz de generar discursos sin someterse a una universalidad castradora. Componer desde un sujeto fragmentado que no se busca en los espejos con la esperanza colgada de una ilusión. Montserrat Roig se planteaba así escribir como una posibilidad —no como un sueño— el mundo en toda su complejidad, como parte de él. Buscó constituirse en sujeto de discurso, para lo que había que poner en jaque la *matrix* de la heterosexualidad. No había *otra*.

> Quizá cuatro años de feminismo han abierto los ojos a muchas mujeres españolas que han agudizado con su comportamiento la crisis de la familia y el matrimonio. Pasada la euforia inicial, del descubrimiento de la identidad femenina y del placer de la solidaridad entre las mujeres, muchas de nosotras nos encontramos más rotas que antes y más alejadas de los hombres. Sin guía y sin faro. Pero sin la pareja institucionalizada, sin el matrimonio como regla y como pasaporte para existir, muchas mujeres, por primera vez en la Historia, van a tener un nombre propio cuando se miren ante el espejo del mundo.[60]

Bibliografía

Althaus-Reid, Marcella, *La teología indecente. Perversiones teológicas en sexo, género y política*, Ediciones Bellaterra, 2005.

Boff, Leonardo, *El ave María. Lo femenino y el Espíritu Santo*, Sal Terrae, 1982.

Butler, Judith, *Mecanismos psíquicos del poder. Teorías sobre la sujeción*, Cátedra, 2001.

Di Febo, Giuliana, *La Santa de la Raza. Un culto barroco en la España franquista*, Icaria, 1988.

Estradé, Miquel, *Shalom Miriam. Apuntes sobre la más mujer de las mujeres*, Narcea, 1999.

Friedan, Betty, *La mística de la feminidad*, Cátedra, 2009.

García Álvarez, Betsabé, *Con otros ojos. La biografía de Montserrat Roig*, Roca, 2016.

González Palacios, Héctor, «La virginidad femenina en la Grecia Antigua. Una mirada desde el parentesco», en *Antropología experimental*, n.º 20, texto 17, págs. 237-248, 2020.

Hurtley, Jacqueline, «Introducción» en Montserrat Roig, *La hora violeta*, Castalia, 2000.

Januszczak, Waldemar, *How Art Changed the Way We Perceive Jesus Christ*, Perspectives, 2020, <https://www.youtube.com/watch?v=qUZdV7xL_Ds>.

Lessing, Doris, *El cuaderno dorado*, DeBolsillo, 2022.

Moraga García, M.ª Ángeles, «Notas sobre la situación jurídica de la mujer en el franquismo» en *Feminismo/s* 12, diciembre, 2008, págs. 229-252.

Primo de Rivera, José Antonio, *Dignidad humana y justicia social*, Ediciones del Movimiento, 1957.

Tubert, Silvia (ed.), *Del sexo al género. Los equívocos de un concepto*, Cátedra, 2003.

Obras citadas de Montserrat Roig

Tiempo de cerezas, Argos Vergara, 1980.

La ópera cotidiana, Planeta, 1983.

La veu melodiosa, Edicions 62, 2022.

Ramona, adiós, Consonni, 2023.

El patriarcado católico

La ayuda de Lady Bird

Ahora bien, de las mujeres *savantes*, grotescas y pedantes que iluminaban los salones del siglo XVIII, al decir de los hermanos Goncourt, a la extensa y variadísima tipología de la mujer actual media un abismo. Pero el caso es que se trata, como ya he dicho, de una revolución de tipo moral que subvierte cosas tan importantes como la familia y el matrimonio. Y la mujer aún es indecisa y claudicante. Quizá porque ahí no cabe el lema de «mujeres de todo el mundo, uníos». Sería extravagante querer unir en idénticas reivindicaciones a la mujer gallega que realiza todos los arduos trabajos del campo con la americana que sueña en convertirse en digna esposa de un astronauta. Simone de Beauvoir, en su ya clásico *Deuxième sexe*, denuncia la realidad cotidiana en que la mujer europea se inserta. Y esta realidad aún es más crispada en España: desde los anuncios de coñac que solo son para hombres, hasta los jabones que refrescan la piel de la mujer —¿y para quién será, en definitiva, esta piel?— desfilan, interminables, multitud de coacciones y chantajes morales. La nuestra es una civilización caótica, inconexa, confusa y sumamente contradictoria, una civilización que se rasga las vestiduras por las Bernardettes Devlin que saben separar el hecho de ser madre del de ser persona política, pero que permite que todas las Angelas Davis del mundo se pudran en las prisiones. Es una civilización perfecta, ancha, construida a la medida del hombre y con la ayuda de las innumerables *Lady Bird* que pueblan el mundo. Y hay muchas.

Ningún indicio de suciedad

Los primeros años de estudio —coincidían con la eclosión de la guerra fría— fueron unos años tristes, de posguerra, algo alucinantes y más bien silenciosos. No sé aún por qué, pero es fácil identificar silencio con primera infancia. Eran unos días sumamente tristes que la literatura joven ya se ha encargado de recoger. Ya solo me limitaré a perfilar, a través de algunos pasos educativos, cómo se desarrolló la formación de las que ahora son mujeres jóvenes. Las que fueron a colegios religiosos, típicas muestras de un material ya tópico, engrosaron, con sus uniformes azul marino hasta media pierna, con sus zapatos de estilo inglés y con sus cuellos duros que les atenazaban suavemente la garganta, las filas de las futuras combatientes en la guerra de los sexos. El modelo que debían seguir era la Virgen: una imagen que no manifestaba ningún indicio de error o suciedad moral. Era una imagen extraordinariamente limpia, fiel a las características recomendadas por el Dogma de la Inmaculada, una imagen alejada de las mezquindades reales —la angustia de las familias para comprar fruta de calidad o el aburrimiento de las larguísimas tardes de domingo—, una imagen que condenaba de antemano, a quien quisiera imitarla, al más rotundo fracaso. Fue este el primer síntoma de impotencia: las niñas preferían acomodarse a sus necesidades vitales y pueriles que no seguir al modelo impuesto. Como Emma Bovary, los términos comparativos de bodas eternas, de corazones sangrantes o de almas en vilo, las transportaban hacia otros mundos inimaginables, unos mundos en los cuales todas soñaban ser protagonistas imperecederas.

La educación llevada a cabo por monjas —yo diría que la recibieron la mayoría de las muchachas españolas— fue una educación cautelosa, pero inflexible, que condicionaba a las futuras aspirantes a una sola y única realidad: la mujer era un sexo de segunda clase nacido de una costilla ajena. Pero esta costilla representaba, al mismo tiempo, la evidencia del mal: el hombre. El hombre era aquel monstruo que enseñaban en los dibujos, aquel ser que recordaba, por sus facciones de sátiro, al diablo. Y hacía falta combatirlo sin piedad alguna. La fuerza de la mujer radicaba precisamente en su aparente debilidad, en el dominarlo pasivamente pero con cálculo. Así se regularía la vida afectiva de la mayoría de las adolescentes españolas. Eran los primeros tanteos de una lucha sorda y ancestral —que aún conserva su vigencia— entre dos frentes contradictorios y ambiguos. Quizá el fondo de esta ambigüedad no es más que un constante juego de repelencia y atracción intermitentes. En la maternidad, cuando las parturientas incontroladas claman contra sus maridos en los momentos de máximo dolor, es porque los quieren causantes de su sufrimiento, de su inferior naturaleza. Un observador superficial se habrá dado cuenta de que los grupos noctámbulos de hombres solos buscan lo que ya saben de antemano que no encontrarán. ¡Cuántas madrugadas desesperantes deben haber encontrado las principales víctimas de esta ya inútil guerra de sexos! Es un hecho: la guerra se declaró. Una guerra sin fronteras precisas, en la que el débil se levantó contra el fuerte —en este caso el macho— de la misma manera que los negros matan a los blancos liberales que se pasean por el Harlem neoyorquino. Es una guerra irracional, aceptada desde el nacimiento, entre un poder y su servidumbre.

El principio de la coquetería

Después, la naturaleza se encargaría de corroborar tal servidumbre con el advenimiento del primer síntoma: el período. ¿Se trataba de una tara fisiológica, de un castigo o del primer indicio de un ciclo natural? Parecía algo reprochable, el primer gran secreto que separaba, ya de una manera absoluta, los dos sexos. ¿Qué significaba aquel efluvio de sangre periódico que *solo* soportaban las mujeres? ¿Para qué extraña cosa estaba destinado? Nadie contestaría: ni las religiosas, ni los diccionarios, que eran, en última instancia, los que desvelaban muchas inquietudes terminológicas. Era un nuevo eslabón para el programa que dictaba las leyes estrictas de la feminidad. Si las monjas callaban o negaban su evidencia, las abuelas, hechas a la medida de los cuplés, sentimentales y algo lúcidas, indicaban que *aquello* era el principio de la coquetería; porque, para ellas, la coquetería era el modo más civilizado de relacionarse con el hombre. Era un nuevo tipo de guerra: la diplomática.

Aún quedaban lejos, por la edad, los primeros contactos con el enemigo. De momento, las adolescentes saboreaban las difusas mieles del matriarcado con películas como *Mujercitas*, en la cual el hombre solo actuaba epidérmicamente, o con los cuentos de la condesa de Ségur, en donde aparecía, a base de ingenuidades o moralizaciones, un sadismo sexual en latencia. Era una mitología barata que más tarde se adaptaría a la vida práctica: los príncipes azules de los cuentos de hadas serían los futuros jefes de oficina o de departamento de ventas y casi casi me atrevo a insinuar que los futuros líderes universitarios. Durante aquellos primeros años lo único coherente del programa educativo que se les inculcó fue un recto y justo destino: la maternidad. El amor solo era posible a través de la fecundación. Un amor estéril no era un verdadero amor. No en vano la mayoría de las religiosas se autodenominaban «madres» y su modelo exclusivo de excelsa feminidad era la madre del más perfecto: Dios. Los seriales de la radio preferían los sucedáneos maternales —léase *Ama Rosa*, *La mentira* o *Siempre mamá*— y en las novelas rosas solo una maternidad aceptada con resignación podía salvar de la vituperación popular a las que se atrevieron a pringar antes de asar. Y no es nada nuevo: la literatura tradicionalmente misógina aceptaba, entre las mujeres, a aquellas que recordaban a la Virgen María. Jaume Roig, en su *Spill o Llibre de les dones*, escribió un pasaje dedicado a la madre de Dios después de una larguísima diatriba contra el sexo femenino.

«Me gustas tú»

La adolescente, gracias al sentido que empezaba a comprender de ciertas canciones o películas, soñaba con momentos inefables y únicos, quién sabe si por un insatisfecho deseo de supervivencia o notoriedad. Se trataba de una terminología que ya estaba a su alcance, que encajaba con la noción pecado-amor que se les había inculcado desde la infancia. Las canciones sugerían más que explicaban mundos apasionados y febriles, con frases como «me gustas tú», «no me dejes», «si te fueras con otro», «la última vez que me besaste», etc. Era la lucha maniqueísta entre el bien y el mal, entre el deseo y la negación. No se temía al deseo en sí, sino al hecho de sentirlo. Fueron los tiempos de noviazgos prematuros, extraños y tímidos, que se perdían por su indecisión o por la falta de modelos que imitar. Tanto Romeo y Julieta, como Calixto y Melibea o Abelardo y Eloísa —aunque en planos muy distintos— terminaron mal porque habían pecado o, por lo menos, «sentido» el deseo. De momento solo se conocía un enemigo concreto: el propio cuerpo. Y era un enemigo terrible, por ser tangible y real. Se empezaba a difuminar el concepto de virginidad, aquel concepto abstracto que las monjas habían luchado por impregnar en las mentes de las colegialas.

Fue más tarde, en la universidad o en la entrada masiva al trabajo —la joven de posguerra no se plantea el trabajo como una reivindicación sino como una necesidad normal—, cuando se palpó de cerca al enemigo. ¡Cuántos años de tradiciones desgraciadas u obsesionadas depredaron posibles camaraderías o sanas amistades! Las lecturas, las películas, el arte en general, cuando querían mostrar un gran amor, auténtico y apasionado, lo realizaban de espaldas al matrimonio. La otra cara era, como diría Engels, la prostitución. O quizá eran dos caras de una misma moneda, su legalidad o ilegalidad, importaba poco en el momento de calibrar a una mujer. Se podían escoger dos salidas: imitar, a la manera de George Sand, como ya he apuntado al principio, el mundo masculino —un mundo corrosivo, caduco y decadente—, apropiarse de su civilización, admitirla y secundarla, o bien, representar el papel de madame Pompadour, agradable, avanzadilla y algo ilustrada —no a la manera de la Sévigné o de la Lafayette, se entiende—, pero sin el menor asomo de lucha o reivindicación sexual. Y en esta fragilidad de concepto, indeterminante y poco conciliadora, se encontraba la joven mujer española. Desconocedora de su papel, oscila entre la ambigüedad de la coquetería y el narcisismo o en el de la tergiversación sexual.

La venganza de los débiles

Pero si el creador de esos valores «esenciales» y casi inmutables con los que ha sido justificada durante siglos nuestra opresión es el hombre, también hay que decir que muchas mujeres se han encontrado a gusto en ellos. Se han apoyado en ellos para sobrevivir o para seguir mintiendo. Haría falta más de un tratado para explicar el complicado y actualísimo masoquismo femenino, la historia de la resignación femenina idealizada por las mismas mujeres. Inclinadas al sacrificio, al silencio, han colocado en un altar su opresión y la han convertido en su «destino natural». De otro modo, no se entendería la larga duración de esta opresión específica. Cualquier opresión, al fin y al cabo, se acepta mientras esté detrás la «filosofía de la resignación». Pensemos en los Cantos Espirituales que cantaron durante años los esclavos negros de Norteamérica. ¡Cuántas mujeres, todavía hoy, están impregnadas de aquello de «¡hemos venido a este mundo para sufrir!». Versión popular de la maldición bíblica. Sufrir con los hijos, sufrir ante el esposo, sufrir con las menstruaciones, sufrir en el acto sexual —que empieza con sangre—, sufrir en el momento de parir. La maternidad dolorosa, la Virgen con los siete puñales clavados en el corazón... Sufrir cuando el marido te pega o el padre te maltrata. Mujer-víctima que acepta este papel aunque odie al hombre y le dé asco su sexo. ¡Cuántas mujeres, sumisas y enaltecidas en su papel de víctimas, sienten un tremendo asco por el cuerpo del esposo y por el acto sexual! De aquí nacen las pequeñas pero incurables venganzas domésticas, el querer vencer en la mezquindad los rencores caseros, sin luchar de frente sino a través del escaso poder que ofrece el continuo asentamiento en el hogar y el poseer un cuerpo fatídicamente deseado por el macho.

La venganza de los débiles, la peor de todas, pues no tiene otra salida que la permanente frustración. La venganza de tantas noches oscuras, entre llantos solitarios y labios apretados, noches cerradas como ostras en la frigidez, murmurando rosarios o dejando que los pensamientos alcancen el vacío... ¡Cuántos poemas habrían podido escribir las mujeres en esas largas y densas noches sin amor si hubiéramos sabido odiar con fuerza para razonar después, en lugar de convertirnos en resentidas, hijas de resentidas, nietas de resentidas, incapaces de transformar esa situación! Ideales masoquistas de tantas mujeres que no quieren traspasar el umbral hacia el mundo de «fuera», aferradas al estribillo de «¡ay, no sirvo para nada!», «la culpa es mía», «todo lo hago mal». Quizá encuentren más deliciosa su venganza en ese papel de víctimas, niñas eternas que marchitan la existencia a base de vengarse del hombre y, cómo no, de las mujeres que han traspasado este umbral... Estamos en lo de siempre: odio al sexo masculino y al propio sexo. Odio al cuerpo... ¿Encuentran placer en tanto sufrimiento inútil?

La Historia, en el momento de repartir papeles, concede el protagonismo al hombre, tanto en el campo de la ciencia como en el campo de batalla. Los héroes tienen que ofrecer su vida, las heroínas tienen que mantenerla... Así nos lo enseñaron, en nuestra adolescencia, cuando la asignatura de Falange era obligatoria. Cuando nos hacían aprender de memoria, como si fuera el Catecismo:

> ¿Cómo sirven los hombres a la patria?
>
> Con las ideas, el valor, las conquistas, y llevando la dirección de la política [...].
>
> ¿Hay casos de mujeres que mueren luchando como los hombres?
>
> Sí, también, en ocasiones extraordinarias, como la guerra de la Independencia contra los franceses; pero no es lo corriente.
>
> ¿Entonces, cuál sería el verdadero heroísmo de las mujeres?
>
> Renunciar a los halagos de la vida cuando creamos que por encima de ellos tenemos un deber que cumplir.
>
> ¿Qué quiere decir halagos?
>
> Todo lo que la vida nos ofrece de agradable, empezando por la vida en sí.

Los que dieron la luz a un texto tan sublime admitían que la vida, en ella misma, puede ser, es, agradable. Pero que tenemos que rechazarla para poder sufrir. Rechazar la tentación de ser felices, vivir a medias. He ahí el «heroísmo de las mujeres». No las ideas, ni la lucha, ni la solidaridad. Ni el placer. Solo la renuncia y el sufrimiento. Cuanto más mujer-víctima, cuanto menos «fortuna» tengas en la vida, mejor recibida serás. Si no sufres, si sientes placer, tienes que sentirte culpable. ¿Qué ha sido de las mujeres que, bajo el fascismo, quisieron ser dueñas de su cuerpo y de su vida? ¿No existe todavía hoy en las jóvenes de pelo rizado y falda floreada, agazapado como un animal en acecho, este sentimiento de culpa?

No aceptar esa idealización, no ser sumisas ni resignadas, no conformarse con la propaganda que dora un trabajo «inútil» o desprestigiado socialmente como el doméstico, ha llevado a muchas mujeres a la locura. Así, se ha hablado de la histeria, como típica enfermedad mental de las mujeres. Histeria, que viene de *hístero*, útero. Veamos qué dice el *Diccionario Ideológico* de Julio Casares, de la Real Academia Española, sobre el histerismo: «Padecimiento nervioso de la mujer, caracterizado por convulsiones, accesos de sofocación, etcétera». Pero resulta que la histeria es una forma de reacción psicológica que tienen tanto los hombres como las mujeres. Es el grito ante la impotencia. Desfogarse por vías marginales sin poder —o saber— enfrentarse al núcleo del problema. Los tratamientos psiquiátricos más dolorosos han sido para las mujeres enfermas de histeria. Muchas mujeres que hoy están en los manicomios por no haber aceptado las místicas de su papel en la vida, un papel considerado inútil, habrían sido quemadas como brujas durante los siniestros siglos de la Inquisición.[1]

Además de enseñarte a sufrir y renunciar a todo aquello que la vida tiene de agradable, la Sección Femenina de FET y de las JONS te marcaba el camino que, por tu «naturaleza», tienes asignado en este mundo pecador. Las «heroínas» de la Sección Femenina eran en el orden religioso, «las mártires, las vírgenes y, en general, todas las santas, cuya vida fue un total renunciamiento para llegar a Cristo». En la pirámide de la santidad, del máximo valor, estaba la virginidad. Cuando era una niña, siempre me pareció más santa Lucía, sin ojos, o santa Eulalia, sin pechos, que no santa Francisca viuda. Esta última, por muy santa que fuese, no dejaba de estar «contaminada». La suprema aspiración a que nos encomendaban las monjas era ser virgen o mártir como las modernas santa María Goretti o la niña Josefina Vilaseca, de Sabadell, muertas a cuchilladas por no dejarse violar (nosotras no sabíamos qué era exactamente lo que el asesino había pretendido de ella; pensábamos que se trataba de un simple abrazo y, en el fondo, debíamos de pensar que la muerte era un precio demasiado alto por tan poca cosa).

El mito de la virginidad está todavía vivo entre nosotros, en las familias, en las leyes. A la chica que huye de su casa, lo primero que hacen, al capturarla, es mirar si ha sido «tocada». El trato en la Protección de la Mujer será distinto si la chica es virgen o no. Muchas amigas tienen grabada en la memoria las primeras palizas maternas o paternas, cuando podía existir la posibilidad de haber sido «tocada» por alguien. M. llegó a Barcelona a los doce años para trabajar de criada. Todavía no tenía la menstruación y creía que los niños salían por el ombligo. Pero su padre, un campesino de Castilla, le dijo antes de marcharse: «Si vuelves con barriga, olvídate de que tienes padres».

Éramos «Esposas del Señor» al recibir la primera comunión y sabíamos que teníamos que guardar un altar dentro de nuestro cuerpo. Para mí la pureza era como un cuerpo sólido, como un miembro de tu anatomía que tenía que ser guardado con celo para no ser mancillado. Morir antes que dejarnos violar... Éramos cuerpos en eterno peligro. La madre X de mi colegio me dijo, cuando apenas tenía trece años: «El estado más puro, más alto, es entregar la vida al Señor, convirtiéndote en su Esposa. Si eso no es posible, entonces cásate y dedícate a tener hijos y educarlos religiosamente». El matrimonio era un mal menor, ya que no podías llevar hacia delante tu unión mística con la Iglesia y con Cristo. Si te casas, lo haces con Cristo, que quede claro, y tienes que tener cuantos más hijos mejor —porque la finalidad de tu «conocimiento» del hombre, en sentido bíblico, no es el placer sino la reproducción— y utiliza la rancia sabiduría de tantos años de no tener el poder para vengarte como lo hacen los débiles y los resentidos: mandar por la puerta trasera. Así quedaba asegurada la economía y se mantenía el equilibrio de lo instituido. Y mientras tanto, podríamos alcanzar la perfección a través del martirio, que eso todavía es posible en nuestros tiempos, muriendo como la Goretti y la Vilaseca bajo el cuchillo fálico. Todo un programa de futuro para nuestras vidas...

Pero la idealización de la virginidad no es cosa solo de las religiones monoteístas como la nuestra, o de las religiones primitivas. Las religiones se infiltran en las costumbres, en la poesía y en el arte. La civilización no ha sido hecha a base de compartimentos separados. Los poetas, sacerdotes de las musas, han cantado la virginidad femenina en todos los tiempos. Incluso los poetas surrealistas y vanguardistas. Enamorarse de una mujer virgen, el sueño de muchos varones actuales. «La he desvirgado yo», oía que decían compañeros de Universidad en los años sesenta. Un novelista catalán moderno hace salir en una de sus novelas un personaje que se siente «engañado» cuando, a través del ruido que hace la orina de su amante, se da cuenta de que esta no es virgen.

Y a nadie se le ocurre hacer un drama cuando un muchacho pierde la virginidad. El *Diccionario* de Julio Casares dice, a propósito del verbo *desvirgar*: «quitar la virginidad a una doncella», mientras que define la virginidad como «entereza corporal de la persona que no ha tenido comercio carnal», sin especificar el sexo. El mito de la virginidad está siendo utilizado hoy en un sentido contrario y muchas muchachas están realmente angustiadas porque «todavía son vírgenes». Tampoco se llega al placer con naturalidad y espontaneidad y los «sabios» de hoy se ven obligados, una vez más, a marcar la pauta a las jóvenes y futuras amantes: «Ah, ¿pero todavía eres virgen?», pregunta él, defensor del progreso y de la verdad. Y ella, temerosa de no hacerlo bien la primera vez, siente dentro de sí misma la universal sensación de fracaso. Que también sienten complejo de culpa, hoy, en plena «permisividad pornográfica», las mujeres que no saben dar el placer que el varón les pide...

La mística de la maternidad

Convirtió un abrazo en un amor viviente. Es madre. Dar mucho, pedir poco.

Anuncio de la Medalla de la Madre (una medalla de oro porque, según el anuncio, el oro refleja sentimientos).

Toda buena madre no tiene que desautorizar las órdenes que dé el padre de sus hijos, por más que las encuentre injustificadas.

Conferencia de Buenaventura Bassegoda en el Instituto de San Isidro, 1921

Esposa del Señor, Virgen, quizá Mártir si tienes la «suerte» de encontrarte con un violador en la primera esquina... Y Madre. Esposa del Señor, reminiscencia de religiones antiquísimas en que las doncellas eran reservadas para el dios. Las Vírgenes del Sol en Perú, esposas místicas en los pueblos de lengua Txi en África, santa Catalina de Siena o Teresita Lisieux.[2] La Esposa del Señor no podía ser para ningún hombre. Si, en última instancia, no eras llamada a tan alto menester, entonces solo la procreación justificaba la pérdida de la virginidad. Ser *Madre* como nos enseñaba la Madre X o como decían en la Sección Femenina: si «en el orden religioso» estaban las santas, las mártires y las vírgenes, «en el orden natural» estaba la *Madre*...

Se tenía que cumplir la maldición bíblica: solo se podía hacer el amor para tener hijos. Poco a poco he ido desentrañando el misterio que rodeaba mi infancia: frases veladas, palabras sin sentido, consejos a medio decir, eufemismos... Recuerdo que una vez un sacerdote me dijo, señalando a un señor de rostro mustio: «Este es un buen católico», «¿Por qué?», pregunté yo. El cura me respondió que porque el hombre tenía ocho hijos. Y añadió al ver que yo no sabía ver la relación: «Ya lo entenderás cuando seas mayor». El señor tan bueno era un alcalde franquista que fue famoso por sus especulaciones y depredación urbana en su ciudad. La reproducción ha gozado de «prestigio» social. Hacía falta hacer muchos hijos para el bien de la patria, futuros productores. Y, luego, garantizar la propiedad a través de la herencia. Más que nunca los ideales burgueses han institucionalizado la mujer-vasija. Con el fascismo, se mezclarían los «ideales» de la patria con el mantenimiento del poder económico en las mismas manos. El patrimonio quedaba asegurado a la par que la defensa de la madre patria.

Durante los años franquistas, aparecían continuamente en los periódicos las familias numerosas galardonadas con los premios de natalidad. Viejas fotografías que mostraban dieciséis, diecisiete o dieciocho hijos rodeando como polluelos a una pareja de rostro demacrado y porte agobiado. Familias de la alta burguesía que posaban en comedores de muebles isabelinos y entre jarrones de cristal de Murano. Familias obreras, campesinas, abrumadas pero «felices» al cumplir con tanta perfección el destino de la procreación. Los premios de natalidad los emparejaba a todos: no existían las clases, nos decían, cuando se trataba de servir a la patria. Ministros prolíficos y pobres jornaleros. Solo, si te detenías un poco en cada fotografía, podías casi imaginar los suspiros de resignación del jornalero o el llanto quieto de su esposa. Y el leve aire de triunfo en la mirada del ministro que, paternal y solícito, debía de acariciar con aire monacal las cabezas de sus polluelos.

Las mujeres «decentes» parieron y amamantaron sin parar durante la posguerra franquista. Ya que no podían ser ni vírgenes ni mártires, por los menos eran heroínas en el «orden natural», como *Madres*. Los pobres no disfrutaban de otra diversión y los oligarcas tenían un buen pretexto para posar, con su bondad a cuestas, para la posteridad. Los hijos de los oligarcas reducirán hoy su prole porque son otros tiempos y ya no se trata de demostrar así la «perfección moral».

«El matrimonio es el sacramento que santifica la unión del hombre y de la mujer y les da la gracia para que vivan en paz y críen hijos para el cielo», dice el Catecismo de la Doctrina Cristiana. Los patriarcas de hoy han modernizado su faz y se presentan como ejecutivos dinámicos y agresivos. Matrimonios «presentables» con dos o tres polluelos como máximo. Pero el producto-hijo también es procreado con el mismo fin: asegura de algún modo el prestigio del padre, su patrimonio. Se ha modernizado, para poder sobrevivir, la vieja *patria potestad* romana, el poder del padre.

Si el burgués aseguraba su respetabilidad pública, el pobre demostraba su «potencia» y «virilidad». Si una pareja tardaba en tener hijos se dudaba del macho de la especie, este podía quedar en ridículo. Todavía hoy se oyen comentarios sardónicos en las zonas rurales o subdesarrolladas. E incluso en las sociedades urbanas. De una madre prolífica se dice «es una buena coneja...».

La regresión fascista al Neolítico se adecuaba perfectamente con lo que marcaba el segundo libro de la Biblia, el Levítico: el semen que se pierde es tan «impuro» como la menstruación. «Si a un hombre se le escurre el semen es impuro.»[3] Pues está bien claro que si se le «escurre» es que no sirve para nada, como la regla, y no habrá lugar al producto-hijo. Por ello la Iglesia condena el *coitus interruptus* y la masturbación y tolera solo el método Ogino, quizá con la secreta esperanza de que haya un «desliz».

La unión del hombre y la mujer era, tal como lo había dictado Jehová en el Génesis, para reproducir hijos. Así Eva dirá, al alumbrar a Caín: «He dado a luz a un hombre gracias a Jehová». Y muchas madres, al morirse su hijo de edad temprana, han exclamado durante siglos: «Él me lo ha dado, Él me lo ha quitado». Nuestras vidas están en manos de Dios, el Supremo Patriarca, el máximo símbolo de la *patria potestas*. El Patriarca, disfrazado unas veces de cura, otras de padre o de juez, ha ido dictando esos ideales de la reproducción. Y muchas veces el médico-ginecólogo ha sido su cómplice activo y fiel. El médico entonces hace el papel de cura y, en lugar de orientar a la mujer, la abruma con su «moral» y la sumerge una vez más en la ignorancia utilizando el poder de su experiencia y de sus conocimientos.

Para la inmensa mayoría de las mujeres, la ciencia de la medicina es casi mágica y el médico, ante sus ojos, se convierte en el antiguo hechicero de la tribu que domina nuestros cuerpos y nuestras mentes. El médico, desde su altísimo pedestal, alimenta el complejo de culpa ancestral de las mujeres y les priva, a través de la moral más reaccionaria y conservadora, de que ellas decidan por su cuenta *qué* quieren hacer con su cuerpo. De la misma manera que una noticia nunca es explicada de una manera imparcial, porque no existe en ningún terreno la neutralidad, tampoco ningún médico es neutral. Los médicos que humillan el cuerpo de la mujer en lugar de liberarla de los viejos tabúes, los médicos que no nos tratan como seres autónomos participan del poder de la sociedad patriarcal porque temen perderlo. Para ellos, aunque inconscientemente, la mujer es la vieja «vasija» aristotélica.

Detrás del antiguo «Patriarca» de Isaías están los hombres de hoy. La Trinidad aceptó el papel del hijo y la relación entre este y su padre a través del Espíritu. Pero la mujer seguía siendo receptáculo. Dios lo puede todo y su intermediario en la tierra es el hombre. No estamos muy lejos de Tertuliano. La ley franquista así lo confirmaba: cuando una mujer casada tenía un hijo con un hombre que no era su marido, solo tenía dos posibilidades. La primera, que el marido reconociera un «producto» que no era suyo, cuestión durísima y poco frecuente. La segunda, que el padre de la criatura diera sus dos apellidos. La mujer pasaba a ser «madre desconocida» y el hijo llevaba los apellidos de su padre como si fueran hermanos, como si el amante hubiera ido a la cama con su propia madre... Las leyes, como la religión y sus hijas menores, las costumbres, han sacralizado la reproducción y escondido el placer bajo tierra. La familia burguesa monogámica, ampliada a todas las capas de la sociedad, ha economizado la vida sexual al máximo en bien de la sociedad. Es lo de «todo queda en casa».

El padre, siempre inseguro del producto, codifica la patria potestad. Mientras, la prostitución se convertía en un magnífico negocio paralelo. En la necesaria otra cara del espejo, ya que la monogamia estaba concebida, entre otras cosas, para controlar la «vasija». Pocos hombres se han creído eso de que es pecado no «aprovechar» el semen masculino...

La fecundidad ha sido premiada por la ideología y la religión. En los tiempos en que poblar la tierra era vital, se puede entender el consejo de Jehová en el Génesis por razones económicas: «Sed, pues, fecundos, multiplicaos, poblad la tierra y dominadla».[4] La esterilidad era vista como un terrible mal. Isaac reza a Jehová en favor de Rebeca. La hija de Jefté llora su obligado sacrificio y, como Ifigenia, es ofrecida a Dios sin ser fecundada.[5] Anna llora y no tiene ganas de comer porque es estéril. Solo es feliz cuando Jehová se acuerda de ella y hace que dé a luz a Samuel.[6] Canta, llena de gozo, porque «solo Dios hace que la estéril pueda tener siete hijos y la madre de muchos se marchite». La idea del poder divino era lógica en momentos en que no se sabía nada del cuerpo humano y en que todo lo referente a la Naturaleza no era más que un profundo misterio. La concepción rondaba el mundo de la magia y los hombres y las mujeres creían que su aparato interno solo funcionaba si Dios así lo deseaba.

A pesar del avance de la ciencia y de los conocimientos sobre la esterilidad y el control de la natalidad, el inconsciente humano ha permanecido casi inmutable durante siglos, transmitiendo el complejo de culpa a las estériles o avergonzando, como a la hija de Jefté, a las que se quedaban «solteronas» sin remedio. Que Soraya sea repudiada por el Sha de Persia es un hecho indignante pero que no asombra demasiado. A nadie se le ocurre la posibilidad de una emperatriz repudiando a su marido por impotente... Por la misma razón las viudas sin hijos eran castigadas duramente en algunas sociedades primitivas.

Bajo la «mística de la maternidad» se esconde el complejo del hombre de no poder ser madre. García Lorca escribió *Yerma* para transferirse en ella. Más adelante hablaremos del rito de la *couvade* entre los indios colombianos. La significación de este rito no anda lejos del de la iniciación viril en algunas tribus del África negra. La fecundidad ha sido considerada como algo sagrado, como un poder sobrenatural: los griegos y romanos sacrificaban víctimas embarazadas a la diosa del cereal y de la tierra con el fin de hacer crecer el grano dentro de la espiga.[7] La mística de la maternidad ha sublimado a muchas mujeres y enaltece incluso a aquellas que llevan a cabo oficios mal pagados o con poco prestigio. La «madre espiritual» está detrás de la maestra, de la enfermera o de la asistenta social moderna. Ya se sabe, como las madres, esas mujeres son capaces de darlo todo a cambio de muy poco. Pocos hombres soportan oficios parecidos si no es a base de una retribución superior y de mayor consideración social.

Nuestras madres han aprendido a perfilar la «vocación de la maternidad» de nuestras abuelas y estas, de las bisabuelas. Vete a saber hasta dónde llega el hilo que nunca ha sido roto. «Maternidad es vocación. Maternidad quiere decir sacrificio, renuncia, responsabilidad [...]. La mujer tiene que ir al matrimonio ilusionada con la maternidad y sintiendo esta vocación [...]. Al desposarse, tiene que "sentir" el hijo que viene; tiene que pensar en él mucho antes de concebirlo.» Afirmaba la Biblia de la «Perfecta catalana» de los años treinta y cuarenta, *L'Etern Femení* de Llucietà Canyà. Durante años, los amantes maridos de Catalunya han regalado ese libro a sus esposas a fin de que quedaran bien adoctrinadas en su papel de casadas perfectas y madres excepcionales. Nuestras madres, refugiadas en las habitaciones oscuras durante el tiempo de los susurros y del miedo, leían párrafos similares y acudían prontamente al confesor mientras encerraban toda esperanza en el mundo de la imaginación. La propaganda de esta «vocación» servía para justificar la sistemática exclusión de la mujer dentro del mundo público.

Hoy, en el Estado español se repiten día tras día los casos de mujeres que han sido despedidas por haberse quedado preñadas.

Otras ya no encuentran trabajo porque, al estar casadas, ya no se les admite en la empresa. Petra Gijón fue despedida el día 8 de febrero de 1978 de la clínica dental del doctor Miquel Roig porque había quedado embarazada. Su jefe alegó que una mujer preñada quedaba «antiestética». Isabel Muñoz, de la sastrería Soler de Badalona, por el mismo motivo. La excusa era que no podía llevar a cabo trabajos que requiriesen agilidad. Y yo me pregunto qué han hecho durante su embarazo tantas y tantas mujeres obligadas a trabajar en su casa, cuando nadie las exime de las pesadas y arduas labores domésticas.

Los discípulos freudianos, sin tener en cuenta el clima en que se desarrollaron los estudios y experiencias de Sigmund Freud, en la Viena de principios de siglo, afirmaban que las madres superan el sentimiento de castración a través del nacimiento del hijo. Este representaría el pene que nunca han tenido. A mí, que nunca se me ha ocurrido desear el «pene», lo único que me atraía era poder ser *como* un hombre. No un hombre exactamente. Quería tener las puertas del mundo abiertas de par en par. No creo, pues, que sea más fuerte la envidia de pene que la envidia ante la riqueza de la biología femenina. Si hubiéramos deseado el pene habríamos desarrollado, como los hombres, un poder paralelo. Nos habríamos «sublimado» a través de otros caminos y no exactamente a través del camino de la maternidad.

Sin embargo, sí que me parece cierto que muchas madres, al verse marginadas del mundo, desarrollan su venganza apoderándose del hijo. Haciéndolo su propio producto. Hildegart no es más que un producto de la frustración materna. La madre de Hildegart sabe que no puede entrar por su propio pie, a través de sus facultades, en el mundo exterior y sueña con crear un modelo perfecto de la misma manera que lo soñó el doctor Frankenstein. Con la diferencia de que el sabio no podía utilizar su cuerpo para concebirlo, mientras que las mujeres tenemos ese poder en nosotras mismas. Yo misma no puedo negar que la primera vez que me quedé embarazada quise tener un hijo «varón» porque me parecía que las mujeres eran más «pusilánimes». Era una manera como otra de creer en mi «inferioridad» y de vengarme al sentirme excluida del poder. No era precisamente el pene masculino lo que me interesaba, sino el poder que este parecía otorgar a los hombres.[8] Tenían que ser las feministas americanas las primeras en ayudarme a comprender que, al no querer una hija, lo que hacía era despreciarme terriblemente a mí misma, a mi sexo. Y si no era capaz de amarme por mi cuerpo, por mi sexo femenino, nunca sería capaz de traspasar el umbral que me llevaría al mundo de «fuera».

¿Es la maternidad un poder? Creo que las mujeres tenemos solo el poder de nuestra función natural y que la «maternidad», vista como valor abstracto, es algo a compartir con los hombres, si ellos son capaces de ir en contra de su propio poder. Las virtudes tradicionalmente consideradas «femeninas», como la abnegación, ternura o generosidad, son virtudes del ser humano en general. Lo que pasa es que las mujeres hemos tenido más tiempo para experimentarlas y para pulirlas. Los hombres que quieren destruir la falocracia tendrían que mirarnos un poco como maestras.

Se ha comparado muchas veces la maternidad con el poder de la creación artística. Dice el novelista inglés Lawrence Durrell en *El cuarteto de Alejandría*, cuando el embajador Mountolive ocupa por primera vez su alto cargo: «Pero antes de subir la escalera caminó un rato por la casa silenciosa, yendo de sala en sala, pensando, acariciando el conocimiento de su llegada al poder con el secreto orgullo de una mujer que se ha descubierto encinta». El pintor Joan Ponç me confesó que sentía por sus pinturas, en el momento de ir a parar a las manos de los marchantes, «lo mismo que sentiría una madre al ver que sus hijos iban a parar a la jaula de los leones».

Durante nueve meses, la mayoría de las mujeres se sienten protagonistas y autónomas del amante o del esposo. Hay algo en ellas que no se puede compartir. Pasean su vientre hinchado ante las miradas perplejas o inquietas de los machos. Toda la literatura de las revistas del corazón refuerza el papel del hombre durante el embarazo a base de desarrollar la protección sobre la mujer, haciéndola flotar en nubes de color de rosa. Se estimula el retorno a la infancia de la mujer y las futuras madres se convierten, por algunos meses, en niñas que juegan a muñecas. Los mercaderes exponen las canastillas, azul o rosa, como si se tratara de un dulce y amable juego. En este espléndido montaje publicitario, es mejor que la madre no madure como mujer, sino que se quede como niña.

En el mundo occidental, el culto a la Virgen María ha contribuido en mucho a la mística de la Maternidad. La Madre por antonomasia, que ha conseguido mantenerse en la cumbre de la santidad, siendo virgen y madre al mismo tiempo. «Ella, que por haber nacido inmaculada no podía pecar [...]. Ella, a quien las alas del Espíritu Santo cobijaban impidiendo al Tentador el triunfo de sus asechanzas; ella, a la que custodiaban coros de Querubines y Serafines, y en cuyo cuerpo era casta [...]. María comprendió que en José, el Carpintero, el Señor le daba no un esposo al estilo del mundo, sino un celoso guardián de su virginidad [...]. Ella, la humilde flor, que por humilde y pequeña, apenas si se atrevía a levantar los ojos al cielo, ¡era grata al Altísimo!» Eso lo escribía la señora Carmen San Sebastián en 1949. Esa señora era por entonces presidenta de la Acción Católica y escribió el libro *Mujeres en la Biblia* por consejo de un obispo, ya que tenía una pluma «bien cortada».[9]

El modelo perfecto de la maternidad es, pues, el de la Madre de Cristo. Ella no había pasado por la carne, como Eva, ni había sido tentada, sino que había sido fecundada por el Espíritu. ¿Qué mujer, después de ella, ha tenido esa «suerte»? Para las demás mujeres, la maternidad es la expiación del primer «pecado».

La Virgen es, pues, la «Madre», la Medianera universal, la Abogada, la cara dulce del Dios-Patriarca. «No me dejes, Madre mía...», decían las oraciones de nuestra infancia. «Clementísima, Madre de Misericordia...», dice la Salve. A ella le está encomendado el dulce segundo papel. ¿Qué modelo más alto podíamos desear? Ella, que no ha sido contaminada por la «impureza» del coito. Recuerdo que mis hermanas, después de haber parido, no podían entrar en la Iglesia en el día del bautismo del hijo hasta que no eran «purificadas». Mis hermanas, aunque madres, eran «impuras». He aquí una herencia, todavía vigente en algunos lugares de la geografía católica, de la tradición judeocristiana. Dice el Levítico «si una mujer embarazada tiene un hijo, será impura siete días...».[10] Pero este tabú, como ya hemos dicho antes, no es propio solo de nuestra área sino de pueblos bien alejados. También eran impuras las mujeres en Tahití o en Alaska. Para los indios bribri, la mujer tiene que parir a solas, en una cabaña lejos del poblado, sin estar con nadie para no contaminar a los demás. Después del parto, el hechicero la purifica de la misma manera que el cura purificó a mis hermanas.[11] El inconsciente humano reacciona de igual manera ante estos «misterios», ante estos temores.

Pero no es solo en la religión y en el culto mariano donde encontramos todos los elementos para el misticismo de la función materna. También hay en la nueva religión moderna, en el psicoanálisis: «La relación con la madre es lo más importante en la vida de una persona; condiciona, más que cualquier otra cosa, el desarrollo de nuestra personalidad en época muy temprana, afectando, por ejemplo, en gran medida, a lo que será nuestra visión, optimista o pesimista de la vida y de nosotros mismos», escribe el psicoanalista Bruno Bettelheim.[12] ¿No será que muchos traumas infantiles provienen de la inadecuación materna a esa mística? ¿Por qué la publicidad se entretiene más en desarrollar el papel de la madre, desbordante de protección, y no el de la amistad o solidaridad? La natural y sana necesidad de amor que tiene el ser humano puede reinventar una nueva opresión al hacer crecer tanto el papel de la madre y no desarrollar otros afectos. La mitificación del papel de la madre, ensalzada muchas veces por los maestros de escuela o por esos nuevos curas llamados «psicólogos», ha aumentado el complejo de culpa de muchas mujeres. Si trabajas, traumatizas a tus hijos. Si te quedas en casa, también. Poca gente se preocupa de las neurosis de la madre. Es cierto que muchas madres prepotentes son causa de la inadaptación de sus hijos. Pero también lo es que la madre se siente culpabilizada por esta nueva filosofía.

Parte de la pedagogía actual, no toda, por suerte, ha colocado la criatura en un altar que no corresponde con la realidad y ha hecho descender a la madre a los infiernos. Muchas madres tratadas como «enfermas mentales» se sienten culpables por no aceptar, inconscientemente, el rol que se les ha asignado desde el primer parto. Luisa es una madre de dos niñas que siente deseos de matarlas: «Cada vez que tengo la regla, desde el primer parto, tengo molestias. Y cuando orino y cuando hago uso del matrimonio».[13]

No soy, ni mucho menos, la primera en denunciar el psicoanálisis como la columna moderna que ha apuntalado «científicamente» la cárcel más antigua para la mujer: el hogar. El pecho, la cuna, el gran útero materno sacralizado de nuevo por la ciencia. El padre puede ir de viaje —recuérdese la psicosis que vive Marco en el cuento *De los Apeninos a los Andes*, que cruza el Atlántico en busca de su madre—, puede salir por las noches, no estar en casa durante el día o cuando el niño está enfermo. ¡Pobre del niño que no tiene madre! ¿Es que los jóvenes, los viejos, solteros o no, los hombres de todas las condiciones no pueden representar también este papel? ¿Por qué los niños tienen que acostumbrarse, desde que nacen, al contacto de una sola piel?

Esta mística, no obstante, tiene sus vaivenes. Crece o disminuye en momentos de grave crisis o en que peligra la economía de Estado. Hitler, al mismo tiempo que sublimaba la maternidad, mandaba judías embarazadas a las cámaras de gas.

El general Franco premiaba a las madres «conejas», prolíficas, mientras en Asturias sus subalternos golpeaban a las mujeres embarazadas de los mineros.

En momentos de guerra la «familia» no existía frente al Estado (también llamado Patria). Mientras los hijos van al frente, las madres llenan las fábricas para que la producción no disminuya. Luego serán replegadas de nuevo al hogar. En los tiempos violentos del nacimiento de la era industrial, el índice de abortos aumentó de manera considerable entre las mujeres trabajadoras,[14] mientras que la mujer del burgués era convertida en una muñeca de porcelana para ser lucida en el Teatro y en la Ópera y sus esposos negociaban los grandes tinglados financieros en la trastienda de los palcos. La maternidad de las obreras, por consiguiente, no estaba en el altar ni en la mitificación, sino en los sótanos de la gran iglesia familiar.

Follar y amar (así en la cama como en el salón)

Eros en libertad

> Que nadie trate de esclavizar a Eros.
> Pero que nadie ponga un garrote en las manos de Eros.
>
> Denise Levertov

¿Cuestión de palabras?

> —Cuando yo uso una palabra —dice Humpty Dumpty en tono casi defensivo—, esa palabra quiere decir lo que yo quiero que diga, ni más ni menos.
>
> —El problema —dijo Alicia— es si tú puedes dar a las palabras tantos significados distintos.
>
> —El problema —dijo Humpty Dumpty— es quién tiene que ser el patrón. Eso es todo.
>
> Lewis Carroll, *Alice in Wonderland*

Al hablar de la pornografía y el erotismo en la sociedad actual te das cuenta de que las palabras no significan nada. Que tienen el significado que se les quiera dar, o el que se les pueda dar. Cada cual entiende por pornografía o erotismo lo que necesita entender según sus deseos, sueños e impulsos. Pasolini gritaba, *¡Viva la pornografía!*, y en sus películas el sexo aparecía como un juego, un poético desafío a la noción de pecado.

Sé que hay gente, por ejemplo, que encuentra «pornográfica» una de las escenas más bellas, a mi entender, de *Novecento*: cuando Depardieu besa el sexo de su mujer embarazada. Ante esta escena no me sentí agredida, sino inmensamente gratificada: era, es, posible sentir placer como mujer. Era, es, posible sentir placer en una escena en que la ternura está en primer plano. ¿Era una escena pornográfica? Si es así, entonces vale la pena gritar, junto a Pier Paolo Pasolini, *¡Viva la pornografía!*

En la España de hoy, la pornografía supone para unos la liberación del sexo. Para otros, la entrada del diablo en la vida cotidiana pública. Para esta gente, partidaria del orden inamovible, la pornografía es el caos, la decadencia de los valores eternos y esenciales, el fin de Occidente, etc., etc. Para los primeros, la pornografía es la expresión eterna de la desinhibición y el desbloqueo de la miseria sexual.

Y el diccionario tampoco ayuda mucho. El *Diccionario Ideológico de la Lengua Española* de Julio Casares dice que «la pornografía es un tratado acerca de la prostitución y el carácter obsceno de obras literarias y artísticas». Ni una ni otra definición cuadran con la idea pasoliniana. Ni con la mía. Ni con las monjas que me educaron. Ni con Blas Piñar. Ni con Luis Cantero. Ni con...

Para muchos, la pornografía es erotismo grosero, barato, de una sexualidad casi animal. Da cabida a los instintos más bajos, dicen, pues el ser humano tiene cuerpo y alma y únicamente el alma tiene que salvarse. El cuerpo está destinado a corromperse hasta el día del Juicio Final. Son los transmisores de la religión judeocristiana. Los que están a favor de la pornografía argumentan que esta es una liberación pagana de la servidumbre a que ha sido sometido el hombre desde los inicios de la Iglesia Triunfante (católica y protestante).

El escritor valenciano Joan Fuster decía, alabando a la pornografía, que, sobre todo la divulgada en imágenes, es de un gran valor didáctico. Escribía que el instinto solo sirve para la perpetuación de la especie y que la pornografía es, en realidad, el lujo del instinto. Decía: «Hay que aprender las delicias de la anatomía y los trucos de la fisiología. La experiencia personal no es suficiente».

Desde este punto de vista, las feministas que se enfurecen contra la pornografía, queman revistas o arrancan carteles de películas, parecen reaccionarias, puritanas o reprimidas. Para los defensores de la actual pornografía, el grito de estas mujeres va en contra de la liberación sexual. Se las acusa de actuar como monjas que se refugian en la ceguera de la miseria sexual.

Joan Fuster, al defender la pornografía citaba los lujuriosos sonetos del Aretino, la obra de los pintores y grabadores del Renacimiento o de la Ilustración, pero observaba al mismo tiempo que estas piezas no habían salido de círculos restringidos y que ahora, gracias a los medios de comunicación de masas, empezábamos a conocer nuestro propio cuerpo y las ventajas que comporta el tenerlo. Creo que Joan Fuster mezclaba aquí varios aspectos de la cuestión: en primer lugar, los sonetos del Aretino, el canto al placer rabeliano, o los cuentos de Boccaccio, que apenas pueden compararse, por muy misóginos que nos parezcan, con la literatura pornográfica actual. O, en todo caso, con muchos de estos papeles.

No se puede negar que desde Rabelais hasta Henry Miller hay un amplio abanico didáctico referente a los placeres de la vida. Todo lo que sea desafío a la idea de pecado o al consiguiente sentimiento de culpa es bueno tanto para el hombre como para la mujer.

En segundo lugar, gran parte de la historia del sexo, tanto en épocas de fuerte represión como en épocas de más permisividad, ha sido escrita por y para los hombres (por ejemplo, *Speculum al foder*, manuscrito de finales del siglo XIV o primeros del XV, posiblemente traducido del árabe o hebreo, es un tratado de recetas y consejos sobre el coito dirigido a los hombres). Se tendría que comprobar, pues, si el didactismo de la pornografía beneficia a la sexualidad femenina.

En tercer lugar, durante el Renacimiento, antes e inmediatamente después, los sexos tenían más contacto entre ellos que ahora, aunque parezca mentira. Las mujeres estaban excluidas de la vida pública, pero los hombres vivían más en las casas. Hay toda una literatura, sabrosa e imaginativa, sobre la mujer joven que engaña al marido viejo. A través de la glorificación del matrimonio monogámico en pleno apogeo de la burguesía, la mujer del burgués se convierte en el paraíso perdido del hombre, que se ve obligado a desarrollar gran parte de su proyección fuera del hogar. Este patrón se extiende a todas las clases sociales. Se limita más el rol femenino: madre o prostituta.

La pornografía podría liberar a la mujer de estos dos papeles si hubiese sido creada, inventada, por la mujer. Si hubiese surgido de la necesidad objetiva de la mujer de liberarse sexualmente. En cuarto lugar, en la sociedad capitalista, la pornografía va unida a las ideas de competición y éxito. El poder del macho se representa a través de su posición social y de su potencia sexual. La pornografía hace que el cuerpo de la mujer se convierta en valor de cambio. La pornografía no es gratuita: hay que pagarla. El papel sexual es visto en sentido acumulativo. Y, en quinto lugar, la pornografía ahonda más el abismo entre el deseo y la realidad. Hace creer a todo el mundo que cualquiera puede satisfacer lo que desea solo con proponérselo y el fracaso no es asumido más que a través de la violencia y el aumento del odio entre los dos sexos.

¿La pornografía en los actuales medios de comunicación simboliza la auténtica liberación sexual tanto del hombre como de la mujer? ¿Del viejo y del joven? ¿Del adulto y del niño? ¿Es un canto al juego amoroso, estimula todos los sentidos, comporta una más completa y profunda comunicación entre todos los cuerpos? ¿Nos libera de nuestra ancestral esclavitud sexual?

¿El cuerpo humano se ha liberado por fin del alma que lo encarcelaba? ¿Hemos llegado a la síntesis entre sexo y espíritu, entre lo masculino y lo femenino que hay dentro de todos nosotros?

Me temo que estas preguntas no pueden ser contestadas en un solo artículo. Personalmente creo que la pornografía es, como resultado de una de estas necesidades de liberación que nacen de las contradicciones de la sociedad capitalista, un arma de doble filo. Si se compara, en nuestro país, con la violenta represión sexual que padecimos bajo el franquismo, puede parecernos liberadora. Pero vista como exponente formal de nuestra crisis de civilización, creo que la pornografía es un arma sexista, racista y clasista. Sexista, porque cosifica a la mujer y la reduce a la condición de puro sexo. Racista, porque se utilizan muchas veces seres de otras culturas como estímulos sexuales por su exotismo. Las mujeres, como los no occidentales, están, dicen, menos maleadas, más cerca de la «naturaleza». Una piel de color de aceituna es francamente excitante para el Hombre Blanco.

Clasista, porque a la pornografía del rico se le llama «erotismo». Si te presentan un objeto bello, de ojos achinados, presunta piel de porcelana broncínea, naricita de muñeca, y sonrisa oriental, a lo revista *Vogue*, entonces te dicen que no se ultraja a la mujer. La pornografía del pobre se basa más en el sexo desnudo, sin almíbar. Es más basta, de acuerdo, pero quizá es más sincera: cuando ves un trasero o unas tetas los ves en primer plano. Los signos son evidentes. No hay engaño ni literatura.

La cuestión es que la pornografía del pobre es «vulgar» a sabiendas, precisamente para distinguirla del erotismo de los ricos.

Para que los ricos se sepan distintos de los pobres: más refinados y cultos. Más cerca del «arte». Una editorial española anuncia así los dibujos de John Boyce que ilustran el libro *Afrodisíaco* de Anaïs Nin: «Dibujos de un erotismo total, que se salvan de la pornografía por la originalidad y la estilización».

La distinción es sutil y satisface la mala conciencia del hombre que puede pagarse el gusto de no presentarse ante sí de modo agresivo. Igual que la galantería o la caballerosidad, las películas «eróticas» esconden de igual modo el ansia de posesión por parte del macho.

La pornografía del pobre acostumbra a ser un espejismo aunque la propaganda haga creer que el sexo iguala todas las clases sociales. Los estímulos sexuales de las clases más oprimidas necesitan vías canalizadas de desahogo erótico a fin de preservar su rendimiento productivo. La Junta de Clasificación de la Dirección General de Cine declaró en 1979 a la revista *Fotogramas* que «erotismo es el acto sexual simulado, mientras que es pornografía cuando el mismo se realiza de verdad. Vamos, cuando se ve cómo se introduce el miembro». Por consiguiente, grandes películas donde se vea «cómo se introduce el miembro» pueden pasar por pornográficas, mientras otras solo serán «eróticas» porque esta introducción se hace «disimuladamente». Para el director de cine Luis García Berlanga «el erotismo es la obscenidad tamizada por Marie Claire. Es el sucedáneo pornográfico que se da a la sociedad de consumo, es el envase bien preparado, el diseño industrial... Es la deglución de la pornografía por la sociedad de consumo».

¿Habrá sexo después de la revolución?

Creo que la pornografía en los medios de comunicación es la expresión pública, convertida en imagen y en palabra, de la violencia que el patriarcado ejerce sobre la mujer como ser humano «total». Dentro del matrimonio monogámico se ha oprimido a la mujer en nombre del amor, convirtiéndola en un ser casi asocial. Y ahora resulta que, en nombre de la liberación del sexo, se oprime a la mujer a través de la pornografía.

Así, llaman «liberación sexual» a un concepto subjetivo porque las palabras significan todavía lo que el colonizador quiere que signifiquen. En este caso lo que quiere el patrón, el padre, el patriarca. Como Humpty Dumpty, solo los que tienen el poder son los dueños de las palabras.

He ahí las «confesiones de un feminista»:

> Lo importante no es el espectáculo, ni la foto, no es pornografía por el simple hecho que desde las páginas de una revista una modelo está mostrando su clítoris al tiempo que muestra su lengua, valiente tontería. Ni siquiera es pornografía porque cobre por ello: ¿no enseñamos la lengua cuando hablamos? ¿No van ustedes al ginecólogo? Desdramaticemos las actitudes y nos quedará muy poco por combatir, al menos en este terreno. No quiero sugerir con ello que la solución sea la actitud contraria a lo que se ha hecho hasta ahora, quiero decir tan solo que las feministas deben dejar de lamentarse por lo que actualmente se denomina erotismo y pornografía, su guerra tiene otros medios y otros objetivos, porque de lo que no debe quedarles la menor duda es de que aunque consiguiéramos desterrar de la sociedad humana lo que ahora llamamos erotismo, pornografía o prostitución, dentro de unos años, estaríamos disfrutando de otro erotismo, otra pornografía y otra prostitución.
>
> En mi posible y futura calidad de hombre-objeto, estoy dispuesto a utilizar todos los medios para conseguir mi estatuto de individuo, mis derechos como ser humano, sin renunciar en absoluto a ninguna de mis cualidades (ojalá las tuviera) de inteligencia, sensibilidad, belleza, capacidad erótica, etc., etc.[1]

Este futuro «hombre-objeto» utiliza, una vez más, las palabras para uso propio. Y habla de la pornografía, erotismo y prostitución como valores esenciales, inmutables.

La pornografía es hija de la cultura masculina. Incluso la mujer que hace pornografía copia los modelos propuestos por el macho. Expresa con la palabra y la imagen el papel activo del hombre y el papel pasivo de la mujer. Cuando los papeles se invierten, también es el hombre quien lo decide. Lo paradójico es que sea presentada como expresión de una revolución sexual cuando, en realidad, constituye una penetración moral devastadora en la psicología de la mujer. Ejerce, como veremos más adelante, violencia sobre la mujer porque coacciona su libertad de acción frente a su propio sexo y frente al otro. Ejerce violencia porque la pornografía es la puerta trasera de una sociedad que necesita una cierta permisibilidad para mantenerse. De una sociedad, como la capitalista, que nació bajo el signo de la violencia y la crueldad. Como si la pornografía fuese el «natural» desahogo controlado de la «natural» agresividad del macho.

Marie Bonaparte, discípula de Sigmund Freud, afirmaba que la célula femenina es primordialmente «masoquista»: «Desde el punto de vista constitucional, es indudable que la agresividad de la mujer es como su libido, más débil que la del hombre. La fuerte agresividad innata de los niños [...] constituye una de las raíces de la superioridad masculina».[2] La psicóloga freudista opinaba que las sensaciones vaginales que la mujer adulta experimenta durante el coito dependen considerablemente de la existencia y aceptación, más o menos inconsciente, de las fantasías infantiles relativas a sentirse azotada. En el coito, dice Marie Bonaparte, la mujer es en cierta manera azotada por el pene del hombre. Recibe sus golpes y muchas veces disfruta con ellos. La pornografía no hace más que poner de relieve, desde el punto de vista del hombre, el masoquismo femenino que, según Marie Bonaparte, es una característica esencial de su sexo. El hombre es el agente. La mujer el receptor pasivo. Y la pornografía está llena de látigos que azotan.

Lo gracioso es que las mujeres que se rebelan contra esta visión reaccionaria del sexo y se niegan a ser tratadas como niñas imbuidas de masoquismo infantil sean tachadas, a su vez, de «reaccionarias». Si esta clasificación entre hombre activo y mujer pasiva, entre cultura y naturaleza, fuese estática o esencial, como dicen los defensores del orden, entonces la pornografía tendría razón de existir, porque resultaría «natural» que el hombre fuese el agresor y la mujer la agredida. Es lo que muchos hombres dicen: «De acuerdo, le pegan, pero es que encima le gusta». Y muchas mujeres, es cierto, desean que las peguen y las traten como objetos. Si no la libido no funciona. Pero, si pasa esto, ¿no será porque en el subconsciente se ha cristalizado una larga práctica social? Muchas exalumnas de colegios religiosos podrían hablar de esto.

Alguna vez me he preguntado si las mujeres tenemos fantasías sexuales. La escritora francesa Marie Cardinal explica en *Les mots pour le dire* que durante una temporada solo podía hacer el amor si era tratada como una perra. La americana Nora Ephron explica en *Ensalada loca* que únicamente había hablado de sus fantasías sexuales con su psicoanalista y que se sintió muy aliviada cuando se enteró por los periódicos que este había muerto. La danesa Susan Brogger nos cuenta con todo lujo de detalles sus fantasías sexuales en *...Y líbranos del amor*. Tanto a Nora como a Susan no les da vergüenza confesar que sus fantasías sexuales son esencialmente masoquistas. Ninguna sabe qué responder a la siguiente pregunta:

—¿Y qué pasará con el sexo después de la revolución?

Las dos han tenido tiempo de confesar sus fantasías sexuales porque viven en países donde la permisividad es la hija mimada de la democracia burguesa. Han tenido tiempo de digerirla y de ver su cara oculta: la servidumbre que lleva consigo la supuesta liberación de la pornografía. No son hijas directas del fascismo, o sea de *la ausencia del sexo*.

Las mujeres de este país todavía no hemos tenido tiempo de hablar en público de nuestras fantasías sexuales. Mejor dicho: hemos sido educadas para no tener fantasías sexuales. Las mujeres de este país, según parece, no tenemos sexo. Este fue el camino que escogieron nuestras madres para no caer en la esquizofrenia. Había que escoger el camino de la negación, de la nada. El camino de la pureza. Esta era una solución práctica para no terminar en un manicomio.

Las chicas de hoy en día seguramente harán el amor más a menudo. Pero ¿cómo lo hacen? Creo que lo hacen aceptando de alguna manera la tradicional escisión cristiana: el sexo por un lado, el espíritu por el otro. Muchas deben terminar la noche fastidiadas porque no han encontrado lo que esperaban: ternura y una larga noche de amor inacabable. La armonía de dos cuerpos que se acoplan sin pedirse nada más que el reencuentro de dos pieles. Pero creo que el problema sigue estando ahí: la relación con el hombre todavía está sujeta a la idea de la búsqueda del padre.

Masters y Johnson han dicho que la frigidez femenina no es solo culpa del «otro», de su inexperiencia o inhibición, sino también de que las mujeres no tienen imágenes eróticas propias de foco sexual. Es muy cierto: confieso que a mí me excitan los números de lesbianas. El «desnudo» artístico me deja fría. Pero una mujer arreglada con símbolos nazis me produce un gran placer. Una amiga me confesaba que la relación sadomasoquista entre Dirk Bogarde y Charlotte Rampling en *Portier de nuit* era su relación amorosa «ideal». Me horroricé. Pero era mi «idea» de amor la que rechazaba esta relación. No mi subconsciente. Mi subconsciente es hijo de mi pasado, de mi infancia, de la represión que sufrí cuando era una niña de colegio de monjas. En los sueños de mi infancia aparecían a menudo monjas que me azotaban con sus látigos.

Es un hecho: no nos gusta nuestro subconsciente. Nuestras ideas lo rechazan, quisieran que desapareciera. Pero nos acecha como un cuervo y surge buscando la carroña de nuestra infelicidad. Tal vez la solución sería aceptar nuestro subconsciente sabiendo que es hijo de un pasado cruel, violento, sanguinario, injusto. Hay hombres que sueñan con la revolución y con una relación igualitaria con la mujer. Pero no se comportan así en la cama. Hay mujeres que luchan por su liberación, en cambio buscan ser azotadas y humilladas en la cama. Las ideas no corresponden a nuestros impulsos. Y estos, hoy, son promocionados groseramente con la pornografía. La pornografía estimula nuestras fantasías sexuales, sadomasoquistas, desigualitarias.

Seguramente me diréis, ¿no habrá sexo después de la revolución? ¡Qué aburrimiento!, pensaréis. ¡Y con razón! Sin sexo la vida es terriblemente aburrida. Y ante este dilema no veo otra salida que, o bien suprimir las ansias de revolución, o bien intentar que el subconsciente de nuestros nietos haya sido modificado. Y yo, la verdad, me quedo con la segunda. Y continuaré viviendo con mi subconsciente, tenebroso y vergonzoso, pero que me da más horas de placer que la ausencia del sexo.

El divorcio de los sexos

Por otro lado, habría que ver si el hombre ha tenido siempre el monopolio de la violencia, si la pretendida agresividad masculina, frente a la pasividad y ternura femeninas, no son más que clichés sociales para clasificar a los sexos. El antropólogo francés Maurice Godelier explica un reciente ejemplo en los Estados Unidos.[3] Un grupo de estudiantes contempla a un grupo de criaturas vestidas de «niños» en un jardín de infancia. Los niños lloran a gritos y los estudiantes llegan a la conclusión de que aquellos no son más que niños que muestran una respuesta agresiva frente al mundo. Luego, los mismos niños son vestidos de niñas y entonces los estudiantes llegan a la conclusión de que se trata de niñas enfermas.

La historia del sexo ha sido escrita en gran parte por hombres. Konrad Lorenz, premio Nobel de Medicina y Psicología animal, afirmaba en un artículo a propósito de los gatos y de los niños: «La amistad del gato es una difícil conquista para el niño, pues requiere gran lujo de precauciones. Algunos psicólogos afirman que de sus relaciones con el gato los pequeños podrán obtener útiles enseñanzas que les servirán para hacer la corte a las mujeres».[4] El premio Nobel, un sabio, hablaba en masculino y olvidaba que hay «niños» que son del sexo femenino. Interpretaba que el arte de seducir hay que enseñárselo al niño desde muy pequeño y, finalmente, equiparaba las mujeres a los gatos. ¿No es esta una forma encubierta de pornografía? ¿De violencia contra el cuerpo de la mujer? Bajo una pretendida capa científica, el niño es definido ya desde pequeño como un ser activo y las mujeres como animales de piel suave a quienes hay que acariciar para conquistar (un anuncio publicitario de unos televisores en color compara la piel de una mujer con la de un pequeño tigre). ¿No vemos muchas veces a mujeres fotografiadas como si se tratara de gatitas o perritas?

El cristianismo ha regulado la escisión entre el cuerpo y el alma. Entre la idea y el objeto. Después, las leyes se han encargado de codificar los mitos y los tabúes. Las costumbres nos han hecho creer que esta escisión era consustancial a lo que se llama «naturaleza humana». El cristianismo ha separado a los seres humanos diciendo que ya seremos iguales en el cielo. Escisión entre la idea y el cuerpo, entre lo masculino y lo femenino. Entre el poder y su negación.

Creo que muchos de los doctores de la pornografía mantienen una actitud parecida a la de los Padres de la Iglesia, de profundo desprecio hacia la mujer. Este desdén se manifiesta en la ignorancia que tienen del cuerpo real femenino, del cuerpo concreto, y en el afán que manifiestan por controlar el poder que tienen en el mundo de la imagen y de la palabra. Fijémonos, si no, en los redactores de la plantilla de las revistas pornográficas. El número de mujeres es considerablemente más reducido que en cualquier otra publicación. En muchas, solo veremos una mujer: la que desempeña las funciones de secretaria.

La pornografía aumenta, pues, el divorcio entre los sexos. Afirmo esto pese al consiguiente sobresalto de muchos hombres. No se trata de darnos mutuamente consejos, ni de que los hombres se pregunten qué demonios quieren las mujeres. Se trata de crear las bases para una nueva civilización en la que la pornografía desaparezca porque ya no será considerada una necesidad. «El significado sexual de nuestra cultura patriarcal —dice Susan Brogger—,[5] es que los dos sexos han llegado a desconocerse tanto entre sí y a apartarse tanto de sus propios impulsos sexuales (es decir de ellos mismos) que se pasan toda la vida pidiéndose consejos [...]. El erotismo no alienado radica en existir en alguna parte situada más allá de las "posiciones", donde solo hay un movimiento en el espacio, libre e ingrávido, y una visión mutua completa e ineludible.» En otras palabras: cuando dos pieles empiezan a dialogar sin otra lógica preestablecida que la del contacto mutuo. La pornografía reduce la relación entre los sexos a la mera contemplación de un cuerpo que se exhibe en lo que culturalmente ha sido llamado «animalidad» o «naturaleza». Es la expresión consciente del subconsciente masculino. Capaz de castrar la voluntad de la mujer y, al mismo tiempo, de bloquear otros sentidos, como son el tacto y el olfato. Y sobre todo, las posibilidades de la comunicación verbal, estímulo importante para que los sexos se comuniquen.

Con el romanticismo la mujer fue idealizada al máximo a través de la caballerosidad del amor provenzal. Era idea y no cuerpo. Con la pornografía, la mujer es cuerpo, y no idea. En otros aspectos de la vida cotidiana, la sensualidad queda excluida y reducida a una mercancía. Cuerpos en el cine y en el papel. El ser humano puede ser más controlado si queda dividido entre espíritu y carne, alma y cuerpo, intelecto y sexualidad. Y su vida, escindida entre trabajo y ocio. La pornografía es para las horas de ocio y la sensualidad, que es lo realmente importante, desterrada del mundo del trabajo.

La fiesta de los mercaderes

Es preciso mantener el juego tradicional entre el hombre y la mujer, el tira-y-afloja de la repulsión-seducción. El cuerpo de la mujer, visto como un objeto, existe para ser usado. Ya sea en el matrimonio, o en los burdeles, o ahora en el campo de la imagen. Continúa, así, la idea de que la satisfacción sexual no es gratuita. La pornografía se convierte en una gran fiesta para los mercaderes que, como siempre, especulan con los deseos no satisfechos. La sexualidad se convierte en un valor de mercado. La mujer es comprada, como en la prostitución o en el matrimonio, y el hombre sigue ejerciendo su dominio. A los mercaderes no les interesa que haya una auténtica libertad sexual. Les interesa que, de alguna manera, el sexo sea una cuestión «privada», que no haya una total tolerancia. En Dinamarca, por ejemplo, al despenalizarse la pornografía, fracasó su comercio y los tenderos-mercaderes tuvieron que volver sus ojos hacia los países donde el sexo era considerado todavía un pecado y, por tanto, prohibido. Los *Sex-shops* de París, desde hace más de diez años, tienen su propaganda en árabe, castellano e italiano, las lenguas de la mayoría de los inmigrantes. A quienes no interesa que se legalice el hachís es precisamente a los traficantes de drogas...

El dibujante francés Wolinski hizo una caricatura de la evolución de la pornografía en un país desarrollado (la he recogido de la antigua revista *Por Favor*):

En la primera etapa, el fotógrafo dice a la modelo que tiene delante desnuda: «Vamos a meter un culo en la portada. El culo se vende, prenda».

En la segunda etapa: «Después de siglos de oscurantismo, la mujer puede, por fin, enseñar los pelos de su sexo. ¿No estás emocionada?».

En la tercera etapa: «Ábrete un poco. Hay que adivinar la raja... ¡Ábrete más...! ¡Ábrete un poco más...! Ábrete a fondo, relájate. Oh, ¡la, la! No sabía que era así el interior. ¡Es asqueroso!». Y el fotógrafo, mientras fotografiaba el coño de la modelo que está ahora completamente abierta de piernas y a punto de caerse, acaba por decir: «Al final, con vuestra desvergüenza, las mujeres suprimís todo el misterio. Un poco de muslo entrevisto furtivamente bajo una nube de encajes es más excitante que toda esa carne expuesta en las playas».

En el último dibujo vemos a la modelo que hace de fotógrafo y a este desnudo mientras lee a Spinoza. El hombre dice: «Se acabaron la pornografía y los coños abiertos. La gente está harta. Vamos a innovar poniendo a un tipo con cara de intelectual».

El fotógrafo de Wolinski no hace más que caricaturizar lo que ha escrito el evangelista del hedonismo masculino, Henry Miller. Sexo es Dios, nos ha dicho. ¿Cómo es posible amar la vida sin amar el sexo? No puedes sino agradecer que un hombre como Miller, que desafía con su alegría e irreverencia al puritanismo y a la hipocresía de la burguesía, diga lo que piensa. Pero ¿qué sexo es Dios? El escritor americano, sensual y pagano, se lleva una gran decepción cuando explora el coño de una mujer y se da cuenta de que no hay nada, que no hay misterio. «Es asqueroso», dice en *Trópico de Cáncer*, al igual que el fotógrafo de Wolinski.

Entonces, el sexo de la mujer no es Dios. El amor necesita misterio y, mientras los románticos lo buscaban en la presencia femenina, Henry Miller y otros como él desvelan el misterio y se quedan con las manos vacías. Henry Miller solo puede hacer el amor con prostitutas. Usa la otra cara de la moneda monográfica. Es subversivo cuando predica la liberación de las represiones e inhibiciones de la civilización judeocristiana. Pero no lo es cuando, infringiendo el «misterio femenino», se asusta y retrocede. La sexualidad femenina da miedo y es preferible definirla a conocerla. Es mejor tener a las mujeres en imágenes que en la realidad. Es mejor tenerlas como sexo químicamente puro que como síntesis de la mente y el cuerpo. Muñecas de goma en los *Sex-shops*. Por eso es tan poética la película de Berlanga *Tamaño natural*. Porque la imposibilidad de comunicación entre los seres humanos nos lleva a inventarnos al otro sexo. Esta es la terrible soledad sexual del hombre. Como el Marlon Brando de *El último tango en París*, que solo es capaz de hablar con su esposa cuando está muerta en el ataúd. Hay quien dice que el desdén que manifiestan muchos hombres por la mujer proviene de la prohibición del incesto con la madre, la prohibición más antigua. Ni lo afirmo, ni lo niego. Pero resulta curioso que el propio Henry Miller confiese que odiaba a su madre...[6]

Santo Tomás consideraba necesaria la prostitución para preservar el «orden moral»: «Eliminad a las mujeres públicas de la sociedad y el libertinaje la hará tambalear por todo tipo de desórdenes. Las prostitutas son en una ciudad lo que las cloacas en un palacio: suprimid la cloaca, y el palacio se convertirá en un lugar sucio e infecto». Creo que hoy pasa lo mismo con la pornografía: ayuda a mantener la noble moral burguesa. Que yo sepa, la pornografía no ha socavado realmente los cimientos de nuestra sociedad. La pornografía es una vía de desahogo para el que produce, pero no ataca hasta el fondo las raíces de la existencia. La vida privada se deteriora, es cierto, pero queda intacta. Una vez, después de una charla, se me acercó una mujer y me contó que su marido compraba revistas pornográficas todos los sábados. Se excitaba y después se le echaba encima. «Antes por lo menos me dejaba tranquila», terminó por decir la mujer.

Se me puede decir que la pornografía es una escuela de hacer el amor, que estimula la sexualidad y enriquece nuestras fantasías sexuales. Es posible. No negaré que muchos españoles han aprendido nuevas técnicas gracias a las *Emmanuelles* o a la *Histoire d'O*. El problema radica en averiguar las consecuencias morales y sociales de este aprendizaje. O, quizá, el problema de fondo es que estas cosas se tengan que aprender y que ya no nos salgan espontáneamente.

La defensa liberal de la pornografía, que en el Estado español ha sido encabezada por sectores progresistas en los medios de comunicación, se basaba, como en el caso de Joan Fuster, en el necesario ataque al daño que nos ha hecho la moral judeocristiana. A la miseria sexual a que nos han sometido reglas de tabúes y represiones. Pero, mientras se defiende la pornografía, continúa el antagonismo entre la idea y la conducta social.

Hasta el momento, la denuncia de esta contradicción entre la teoría y la práctica de los sectores más progresistas ha sido encabezada, que yo sepa, por los marginados: por los jóvenes, las mujeres y los homosexuales. Que son los sectores que más sufren las consecuencias de la escisión entre vida pública y vida privada. No se trataría de atacar en este caso a la pornografía porque libera al sexo, como hace la moral conservadora, sino porque no lo libera realmente. Porque no hay cambios sociales paralelos, porque es violenta y ultraja la conciencia del hecho femenino y, en último término, porque estimula las partes más tenebrosas de nuestro subconsciente sin liberarlo de verdad.

LA PORNOGRAFÍA NO LIBERA A LA MUJER...

Antes que ponerse a defender a la pornografía, hay que oír las voces del sector que se siente atacado, hay que oír a las mujeres. Hay que preguntarse por qué la mayoría de las mujeres nos sentimos agredidas ante la manipulación visual a nuestro cuerpo. Se puede argumentar que incluso las mujeres hemos aprendido «técnicamente» con la pornografía. No deja de ser cierto. ¿Pero hemos aprendido a amar más nuestro cuerpo? ¿Nos sentimos reconciliadas con él gracias a las miles y miles de fotografías en las que nuestro cuerpo es exhibido en todas las posiciones inimaginables?

En una charla sobre el tema, se levantó angustiada una mujer y me contó lo siguiente: en su fábrica hay dos vestuarios, uno para hombres y otro para mujeres. En el vestuario de los hombres las paredes están llenas de fotografías con mujeres desnudas, y en diferentes posiciones. En el de las mujeres no hay imágenes eróticas. Los hombres, además, han hecho un agujero en la pared para poder ver cómo se desnudan sus compañeras. «¿Por qué actúan así nuestros compañeros obreros? ¿Es que su sexualidad es menos madura que la nuestra? ¿O, por el contrario, está más desarrollada?» La pornografía aumenta los complejos de la mujer con respecto a su físico. La angustia, la inevitable comparación con el objeto erótico. Su ansiedad crece desde el momento en que se mira al espejo y ve que sus pechos no tienen nada que ver con los que salen en las revistas. Ni el vientre fláccido de después de un parto. La pornografía uniformiza el cuerpo de la mujer, porque es hija de una sociedad que pretende uniformarnos a todos bajo los mismos esquemas culturales. Los modelos pornográficos acostumbran a mostrarnos cuerpos de mujeres-niñas, pues así se mantiene la imagen infantil de la mujer, o cuerpos de mujeres-madres, porque recuerdan el deseo no realizado del incesto. Esta uniformidad erótica es la imagen que los hombres tienen de las mujeres, ya que la pornografía no nos muestra la actitud del hombre ante la mujer, sino al hombre ante el sexo. La mujer frente a este «ideal» cosificado, al que jamás conseguirá igualar, siente un profundo sentimiento de fracaso. De ahí al complejo de culpa por no saber dar al macho lo que exige hay un paso. La mujer, de esta manera, es violenta con su propio cuerpo y lo odia. Es un cuerpo que no ve reflejado. Un cuerpo que no ve contemplado y la contemplación es un punto indispensable para sentirse amado...

La pornografía es, además, una formidable escuela de iniciación al *voyeurismo* femenino. Aparte de ver a un montón de mujeres retratadas, una de las cosas que parece que excita más al macho son los números entre mujeres. Un repaso a las últimas revistas pornográficas lo confirmaría. Es cierto que cualquier cuerpo puede atraer, tanto el del hombre como el de la mujer. Pero resulta que solo se satisface la mitad de nosotras mismas. Y no hay solo rechazo al propio cuerpo, sino asco y repugnancia por el cuerpo masculino. A pesar de que el pene ha sido cantado por escritores-machos poniendo las alabanzas en boca de una mujer (D. H. Lawrence), me pregunto si las mujeres nos sentimos, gracias a la pornografía, más atraídas por el pene masculino. Desearlo realmente, sin las connotaciones de poder, violencia y sadismo que este comporta por razones culturales, requiere un largo proceso de educación femenina. Hay mujeres que han trasladado al consciente este asco y se vengan imitando la actitud masculina: observan al pene masculino como un entomólogo y practican una especie de castración moral exigiéndole al hombre una potencia y una satisfacción plena en cada orgasmo. El juego, la contemplación mutua, han sido sustituidos por la venganza y el resentimiento. El hombre ha quedado reducido, a su vez, al aparato genital.

Algunas mujeres, después de una charla en la que no se han atrevido a hablar en público en el momento del coloquio, vienen a hablar conmigo de tú a tú. Se acerca, entonces, el momento de la verdad: muchas me han dicho que el sexo masculino les da asco, repugnancia. Algunas me han confesado que en sus fantasías sexuales el hombre no tiene rostro. Analicemos revistas que, como *Playgirl*, dicen que han sido pensadas para la mujer pero con los mismos esquemas que las publicaciones pornográficas masculinas. *Playgirl*, además, es la revista de más éxito entre la población *gay* de los EE. UU. Vemos las fotografías de un macho físicamente perfecto, llamado Greg Anderson. Primero nos muestran qué es lo que hace. Nos dicen que tiene 24 años y que es una especie curiosa de universitario, hombre de negocios y vagabundo. De este modo, mezclan cultura, dinero y romanticismo. Trabaja de aparejador. Luego vienen otras fotografías en donde aparece en pelotas. Antes de llegar a la apoteosis, o sea, nuestro macho y su formidable pene, rosado y brillante, en una bañera llena de espuma, lo vemos leyendo un libro, mirando unos planos, llamando por teléfono. Por el contrario, la mayoría de las veces nos muestran a la mujer en su estado más puramente «animal», en lo que hemos acordado llamar animalidad. Imágenes de hembras con collares, abanicos o cojines y, sobre todo, mujeres inactivas, diamantes en bruto, tal como las definen muchas veces los comentaristas masculinos. Si un hombre se desnuda, tiene que estar asociado a la imagen de poder. La mujer es la nada. El hombre, el todo.

Los ejecutivos leen el informe Hite no para conocer la sexualidad de la mujer, sino por morbosidad, porque las confesiones de la mujer sobre su orgasmo o sobre cuántas veces se masturban excita la libido masculina. Si se mantiene el misterio, se mantiene el poder. Si se ridiculiza, también. Si conviertes en objeto lo que temes, también. El conocimiento de la mujer obliga a un replanteamiento en profundidad de la identidad masculina y esto les da miedo. Reduciendo, pues, la mujer a sexo, se la devuelve a su categoría: la mujer es el mal, el pecado original.

Se me dirá: ¿y las mujeres que aparecen en estas revistas? ¿No colaboran en este mercado con el mismo afán que los hombres? ¿No se exhiben con ganas? ¿No nos desafían con su belleza? Es evidente. Pero tendríamos que saber antes qué es lo que las lleva a aparecer en estas publicaciones. Por dinero, porque es un camino que las lleva a otros trabajos, porque es un carnet de existencia pública. Tendríamos que saber, también, cómo se las arreglan el día en que su belleza ya no es útil, productiva.

La pornografía recuerda, pues, a la mujer cuál es su lugar. Fija los límites. En una película española, *Bilbao*, la actriz es un ser pasivo que se deja afeitar el pubis. Como dicen en *Histoire d'O*: «Tus manos no te pertenecen, ni tus pechos, ni ninguno de los agujeros de tu cuerpo, que podemos escudriñar y en los que nos podemos hundir según nuestro capricho». La crítica puritana seguramente se debe escandalizar al ver que salen a la superficie, en iguales condiciones, todos los agujeros del cuerpo. Pero seguro que no diría nada ante la única inmoralidad que se desprende de estas palabras: el hecho de que no se cuente con la voluntad de la mujer. La mujer no se ofrece libremente, para iniciar un fecundo diálogo erótico, en el que cada uno es objeto y sujeto a la vez. Ser pasivo y activo. Donde los papeles se reparten hasta el infinito. La libido del hombre solo funciona, en este caso, si la mujer es la esclava. Tengo que decir que los hombres que se aferran a un solo rol me dan mucha pena.

... Pero tampoco libera al hombre

Porque la pornografía también aliena al hombre. Tampoco él es un ser libre. El director italiano de cine Marco Ferreri dijo no hace mucho a la periodista Rosa Montero, en *El País*, que la actual sociedad de consumo ha hecho creer que todo el mundo puede ser marinero. Antes, el marinero simbolizaba un ser diferente, libre, que podía tenerlo todo. Que podía tener todas las mujeres que deseaba. Era el mito de Ulises. Se sublima, dentro del sistema, el fracaso de la comunicación sexual que proponía el romanticismo. Como las urbanizaciones que prometen «aire puro» fuera de las ciudades contaminadas y desvían el conocimiento de las causas que han hecho a las ciudades inhabitables, la pornografía promete sexo pero no da comunicación sexual. La comunicación sexual es una relación mucho más rica y compleja, donde la potencia, el prestigio, quedan ridiculizados. La comunicación sexual, síntesis de la armonía entre todos los sentidos más allá de tu propio cuerpo, pero a partir de él y con él, no se alcanza a menudo. Como dice un filósofo de nuestro tiempo, Woody Allen, damos tanta importancia al orgasmo para compensar las zonas vacías de la existencia.

La pornografía ahonda, en realidad, el abismo entre el deseo y la vida real. Le han dicho al macho que tenía que triunfar: en el deporte, en el trabajo, en el acto sexual. El hombre siempre tiene que estar rindiendo cuentas de su potencia. El sexo tiene que ir ligado al éxito. El sexo ha de ser acumulativo. El capitalismo ha penetrado plenamente en las partes más íntimas de la existencia. El hombre solo puede poseer a la mujer si la convierte en mercancía. Se cree más libre porque posee más. Y la gracia de todo esto es que no la posee realmente. Su deseo es satisfecho por el objeto puro. En París venden unos calzoncillos en donde dibujan a la mujer que deseas por 12 o 15 francos. De esta manera, puedes llevar a la mujer de tus sueños encima del pene continuamente.

Le han dicho al hombre: tú también puedes ser marinero.

Puedes viajar. Puedes poseer a las mujeres que quieras. Puedes ser propietario de todas las hembras del mundo. Una vez, en el Metro de Sarrià, vi la siguiente escena: un hombre en un rincón, que se notaba que me estaba esperando, se había bajado los pantalones y se masturbaba mientras me enseñaba una revista pornográfica llena de mujeres desnudas. Esta era la pública manifestación de su impotencia. En Roma, el año pasado, un tal Luciano Alessandri apuñaló a una muchacha desconocida que iba sentada enfrente de él en el autobús. Las razones que adujo fueron que no podía soportar a las mujeres bonitas... Supongo que no las podía soportar porque no las podía tener..., nada más que en el papel o en la pantalla.

Se ha dicho que la pornografía es el nuevo opio del pueblo en el sentido que Marx lo decía con respecto a la religión. Si entras en un *Sex-shop*, te das cuenta de que la gente se pasea con el mismo miedo, veneración o inseguridad que en una iglesia. El sexo ha sido sacralizado. Y la pornografía sustituye con sus ritos y ceremonias el elemento mágico que nos faltaba desde que el racionalismo ilustrado hizo temblar las bases de la religión cristiana. Marx decía que la religión era la «realización fantástica del ser humano, pues el ser humano no tiene realidad [...]. La miseria religiosa es a la vez expresión de la miseria real y protesta contra la miseria real. La religión es la queja de la criatura en pena; el sentimiento de un mundo sin corazón y el espíritu de un estado de cosas embrutecido. La superficie de la religión como felicidad ilusoria del pueblo supone la exigencia que este sea realmente feliz». Exactamente igual pasa con el sexo: la pornografía es, a la vez, expresión de la miseria sexual y protesta contra la miseria sexual. Pues el sexo desnudo, el sexo sin la mente y el corazón también es una felicidad ilusoria.

Los símbolos y fetiches que encuentras en un *Sex-shop* sustituyen a los símbolos y fetiches religiosos. La transgresión de la prohibición. La serpiente y la manzana convertidos en fetiches. Al mismo tiempo, el temor y la fascinación que sentimos por la muerte. El binomio sexo-muerte convertidos en mercancía. Nuestras fantasías sexuales van ligadas a un pasado a menudo cruel y violento. Nosotros, además, somos hijos directos del fascismo. Tenemos un subconsciente fascista. Y ahora veremos las imágenes más turbias de nuestro subconsciente reproducidas como símbolos del deseo. En una de estas revistas, nos muestran una mujer de mirada glacial, llamada Erika, con el sexo y los pechos descubiertos, botas altas y una chaqueta negra de cuero. En la cabeza, un sombrero militar con un águila dibujada. El águila, ya lo sabemos, es el símbolo del poder de los grandes imperios. En la chaqueta, el brazalete nazi. En la pared, en un mosaico, un hombre golpea a otro mientras lo penetra. Erika, en primer término, desnuda a otra mujer de larga cabellera color fuego. En otra fotografía, Erika, de pie y fumando en boquilla, pone su bota sobre la mujer de cabello color fuego. Aquí Erika no es una mujer, sino el poder. La otra es la hembra definida como animal.

El que ha escrito el texto que acompaña a las fotografías sabe que no puede magnificarlas y afirma que la modelo «es una actriz obediente y se viste de lo que le diga el fotógrafo. Yo paso de nazis, y es que hay cosas que conviene dejarlas bien claras...». Es evidente: hay que pasar del fascismo, pero nos muestran las imágenes porque saben muy bien que estimula nuestro fascista interior, el sadomasoquismo que tenemos controlado pero que existe. En 1979 se exhibieron ciento cuarenta películas relacionadas con el sexo en las pantallas del Estado español. Veamos algunos títulos: *La última orgía de la Gestapo*, *La esvástica en el vientre*, *Casa privada para las SS*, *Elsa, fraulein SS* y *Tren especial para Hitler*. El binomio sexo-muerte es un tema milenario de la cultura pensada en masculino (quiero decir cuando la cultura se desarrolla en términos de poder), aunque nos lo enmascaren con una pretendida capa crítica.

El milagro de la ternura

Se me dirá: muy bien. Estás contra la pornografía y contra la represión judeocristiana. Crees que hay que liberar el cuerpo de tabúes e inhibiciones, pero te repugnan las imágenes que nos ofrecen los mercaderes del cuerpo humano. ¿Quieres hacer el favor de darnos una alternativa? Pues bien: creo que no hay ninguna alternativa si no se transforma nuestro subconsciente y este no se transformará mientras vivamos en una sociedad enferma, basada en la explotación y donde necesitamos la represión para no devorarnos. Donde tenemos que controlar el hombre salvaje de nuestro interior a base de leyes, tabúes, religiones o el sexo sacralizado. Mientras no se reconcilien y formen un todo unitario el cuerpo y la mente, nuestro universo genital y nuestro universo mental.

Reivindicar el retorno a la Naturaleza por la Naturaleza hoy ya no tiene sentido. Porque, por mucho que nos empeñemos, ya no somos «naturaleza». Por el contrario, quizá sea más fácil llegar a la simplicidad a través de la experiencia, tanto la individual como la colectiva. A la sensualidad como punto de llegada y no de partida. A la síntesis entre todos los aspectos que, a lo largo de siglos de mitos y tabúes, han sido presentados como partes irreconciliables.

La pornografía, pues, es hija de nuestra civilización, violenta y cruel. Ha acrecentado el abismo entre los sexos, aunque parezca lo contrario. Ha aumentado la idea de rebaño y de animal en celo. La ternura, como reconciliación de todas las partes escindidas, podría ser un buen paso hacia delante. La ternura todavía es gratuita: los mercaderes no le han puesto sus garras encima. Como muy bien dice Jules Henry: «La ternura no emerge de las necesidades de la vida social, porque va más allá de la sociedad. El hombre sobrepasa en ternura al *Homo sapiens*; al ser tierno, el hombre es más que un mero animal social. Es posible una sociedad sin ternura, pero el *Homo sapiens* nunca ha podido sobrevivir sin crueldad. Por ello se habla del «milagro de la ternura».[7]

Creo que intentar realizar este milagro en una sociedad tan enferma como la nuestra, donde todavía tiene sentido la frase de que el hombre es un lobo para el hombre, es un hecho realmente subversivo.

Ante el espejo del mundo

(sobre la pareja de nuestro tiempo)[1]

Algunas mujeres se casan con casas.

ANNE SEXTON

EL FUTURO YA NO ES LO QUE ERA

Murió el general Franco y hubo cierta gente, los que habían entregado más de sí mismos, que quisieron pasar factura. Ya no había por qué sostener unos valores morales tradicionales en la vida privada, ya no se tenía por qué ser roca o granito. Se había acabado el sacrificio. En según qué sectores, sobre todo los más politizados, se empezaron a oír frases como «ahora tengo que preocuparme de mí», «quiero darme gustos». Se apuntan a la filosofía del placer numerosos neófitos de casi cuarenta años. Varones con esposa e hijos. Hombres que se habían olvidado, por las circunstancias y su vocación de cambio, de la vida privada. Pero ya hacía tiempo que los rígidos valores morales de la familia tradicional y el matrimonio monogámico se estaban desmoronando en España. Mucho antes de la muerte del general. El matrimonio católico, el que dicta el catecismo como «un sacramento que santifica la unión del hombre y la mujer y les da gracias para que vivan en paz y críen hijos para el cielo», estaba en franco retroceso. Los medios de comunicación daban una idea del matrimonio más abierta, más «europea». Poco a poco desaparece el grupo familiar tradicional, la vieja idea de tribu y clan formada por abuelos y parientes cercanos. La familia ya no es una comunidad. Se ha transformado en el papá, la mamá, el niño y la niña.

Se empezó a hablar de libertad en todas partes. En la calle, en los medios de comunicación, etc. Se habló de libertad en las relaciones humanas, dentro de la pareja. Pero con el deseo de libertad aumentó el pavor que se siente ante ella. Hay quien se apresura a pillar el tren de todos los deseos insatisfechos. Pero la práctica de la filosofía del placer está en manos de gente quemada, resentida, con un pasado dogmático, ortodoxo y moralista. No hay espontaneidad y el juego lúdico es más un producto mental que un impulso que se va a realizar. La religión de la juventud y la politización de la edad adulta pesan demasiado. Y estoy hablando de esa gente porque es la que ha vivido con más intensidad el cambio y porque, de algún modo, marca las pautas que son seguidas por los demás de una manera latente.

La crisis se introduce en parejas sólidas que habían antepuesto el compañerismo al amor. Todo parece desintegrarse. No ha habido rupturas políticas y la sociedad española no se ha liberado de manera blanca, sino a base de traumas y resentimientos. Poco a poco, se empieza a perfilar un sentimiento de fracaso personal y colectivo. Pero hay una reflexión que deja de hacerse: los que fracasan no son los «demás», ni nosotros, ni la relación entre unos y otros, sino la idea que nos habíamos hecho del futuro. «El futuro ya no es lo que era», como ha dicho Simone Signoret en sus *Memorias*. Nosotros no somos lo que pensábamos que íbamos a ser. Hay que pagar esta ingenuidad. Incluso las feministas, que quizá hemos exagerado nuestro culto a los sentimientos marginando excesivamente la razón, nos hemos sorprendido cuando hombres liberales y de izquierdas se comportaban de manera infantil en la vida privada.

Es como si, de pronto, nos diéramos cuenta de que el deseo ha huido para siempre. Ha empezado un nuevo miedo que nada tiene que ver con el conocido miedo del franquismo. Es el miedo al vacío, a la edad adulta, a la evidencia del fracaso. No hay ninguna base, ni subjetiva ni objetiva, para comportarte como un ser maduro. El deseo subyace en lo más hondo de nuestro ser: en aquella adolescencia perdida que se vivió tan mal.

Así, es en la relación de pareja donde la crisis se ha hecho más aguda. La libertad ha soplado sobre el caparazón de las conveniencias. Ya no caben disimulos. El matrimonio va perdiendo su sentido. Reforzado por la propaganda, la Iglesia y los códigos, lo cierto es que los roles sociales que cumplían antes en él el hombre y la mujer se van quedando desfasados. Se va perdiendo su «necesidad» social a medida que la mujer no es la administradora del patrimonio ni la educadora de la prole. El padre deja de ser la autoridad, la guía de conducta moral ante los hijos.

Un seguro de amor

La mayor contradicción del matrimonio es que vampiriza y protege a la vez. Dentro de la familia se busca el aliento cálido que se es incapaz de pedir afuera, en un universo cada vez más despiadado. Teóricamente, es en la familia donde el hombre socialmente apaleado encuentra ternura y compasión. Donde no hay que competir. Además, la monogamia implica seguridad y te compromete a la fidelidad. Te protege de la ansiedad que se siente ante un mundo agresivo y hostil, es un útero contra la destrucción externa. Dentro del matrimonio uno busca el permanente diálogo que solo dan años de intimidad. Y esta llega a través de la convivencia cotidiana.

Woody Allen en *Manhattan* acude a su casa, que entonces comparte con Diane Keaton, deseoso de contar algo horrible que le ha sucedido en el mundo de fuera, y dice: «¿Hay alguien en casa?». Ese «alguien» en casa vale, para mucha gente, todos los sacrificios y renuncias del mundo. Alguien te espera, alguien que, en teoría, no te es hostil, ante el cual no hay que autocontrolarse. El hogar se convierte entonces en la escupidera de las crisis externas, la vasija sentimental del daño cósmico. No hay ninguna otra relación que te garantice este equilibrio de afectos y de comprensión. La sociedad no está formada por comunidades más amplias. Está formada por parejas.

El deseo subsiste sin embargo. Pero da miedo la aventura de abandonar el útero-hogar. Y no solo por la inevitable, y cada vez más difuminada culpa social. No hay nada seguro: ni el trabajo, ni la casa, ni tus raíces, ni tu cultura. La identidad individual se pierde ante la uniformización de modos de vida. La inseguridad del mundo actual reclama como contrapunto vínculos sólidos y duraderos. Y el único vínculo sólido aceptado y espoleado socialmente es el del matrimonio, el de la pareja. La única relación productiva en una sociedad en que se descalifica todo lo que es inútil e improductivo. El único seguro de amor es el matrimonio.

Pero la relación que en principio podía ser estimulante se va convirtiendo en vampírica. El erotismo se desgasta con el paso del tiempo y los antiguos roles sociales, que podían convertir la relación conyugal en la de dos socios bien avenidos, han desaparecido. Se encuentran, pues, dos seres de distinto sexo obligados a convivir en dos soledades paralelas. Las mujeres, por otra parte, están hoy menos dispuestas a sublimar las infidelidades del marido a través de la victimización.

Dentro de la relación conyugal se han infiltrado conceptos mercantiles vinculados a la idea del amor. El hombre posee a la mujer, es su mercancía. La ha conquistado. La mujer invierte dentro del matrimonio mucho de sí misma y espera ser recompensada para toda la vida. Los «beneficios» son el afecto hasta la muerte, la protección y el mantenimiento. Para el hombre, el aliento cálido que ha desaparecido en un mundo donde se ha perdido todo sentimiento comunitario de la existencia. Sin embargo, cuando

una pareja se separa es la mujer la que se queda más vacía porque es la que ha invertido más como persona. Ha sacrificado su carrera, su profesión, posiblemente su trabajo y, sobre todo, su ser. Es frecuente que la mujer, para quien el amor es más importante que otras cosas, se entregue totalmente. El hombre está más compartimentado y se entrega a medias. (El problema está en pensar qué es mejor: si entregarte a medias y «reservarte» para no salir del todo quemada o luchar para que el hombre se feminice y se entregue también en su totalidad. Hay mujeres, hoy, que empiezan a tener esta idea parcial del amor, una idea masculina, son más cerebrales y menos vitales. Se salvan más pero viven menos.)

El matrimonio también supone una inversión de cara a la jubilación vital. La inseguridad de la actual organización social no te garantiza una vejez comunitaria y hay que invertir para no morir solo. Así se soportan años y años de convivencia castradora y caníbal. Así el hombre soporta la dependencia de la mujer y esta el desamor del marido. Son dos seres que están invirtiendo en el banco de la existencia. Hasta que el deseo de ambos se apague para siempre. Hasta que no se desee nada y se espere la muerte pacíficamente. Como dos hermanos en el mejor de los casos, que han recorrido juntos la aventura de la vida. Pues, como dice un amigo mío, en realidad la crisis del matrimonio solo dura de los treinta a los sesenta años.

El principio de la muerte

Claro que hay gente que mantiene positivamente su apareamiento para toda la vida. Pero pocas veces ocurre sin que uno de los dos engulla al otro. Y, habitualmente, es la mujer la engullida. El matrimonio es el principio de la muerte para la mujer. Quizá las mejores parejas son las que han roto en el interior de su relación los roles tradicionales: el patriarca responsable, la madre organizadora del hogar. Pero son escasas ya. Infinidad de mujeres se encuentran rotas por dentro. Es la mujer, no el hombre, la que deshará por completo la idea del matrimonio. Aunque se tarde siglos.

Quizá lo malo del matrimonio es que vaya vinculado a la idea de la pasión amorosa. El sentimiento amoroso lleva ocho siglos perfilándose, desde el amor cortés. Es una manera más refinada, y sublimada, de entender el mundo en la civilización occidental. La gente ya no se casa para sobrevivir y repoblar la especie. La gente se casa por amor. Fue un avance ideológico importante porque, una vez garantizada la supervivencia material de la Humanidad, se pensaba más en los factores personales. Pero, como dice Agnes Heller, fue el origen de muchas tragedias que hasta entonces se desconocían. Casarse por amor es una cosa reciente. La idea romántica de unir las dos cosas, el concepto y la institución, ha encontrado en nuestro siglo su fortuna en el cine. Se ha acentuado la idea sentimental y se ha ido aflojando la antigua idea contractual. Por culpa del amor, de la idea del amor, se piensa en el matrimonio como en una relación absoluta. Su éxito y su fracaso también serán absolutos.

Cuando el amor se pierde, o se rompe, los hombres tienden a sublimarlo a través del arte, la cultura. O de la mística. No se ama realmente, se ama la idea. El amor conlleva la destrucción, el sufrimiento. Es infierno y cielo al mismo tiempo. Se desea la entrega absoluta, la vida y la muerte. Es un sentimiento totalmente ajeno a la idea de la convivencia cotidiana, a la idea de la reproducción. Las partes turbias del ser quedan magnificadas a través del amor. El misterio llena el cuerpo del deseo. Pero uno/una puede estar enamorado de múltiples cosas. Nos enamoramos de la «idea» del amor y la trabajamos día a día. Seguramente esta idea necesita dificultades para ser sublimada. Es una idea demasiado total para codificarla.

Sin embargo, el amor tendría que ser una actitud permanente de atención ante el mundo. Amar, o a través de o con. En esta actitud caben todas las preposiciones. Y esto no tiene nada que ver con el matrimonio. El matrimonio es el orden social que intenta canalizar este desorden, esta pasión involuntaria, irracional. No se puede poner orden al caos. El matrimonio canaliza hacia un solo objeto esta tendencia, la encorseta, la mutila. Cada relación enriquece y son distintos eslabones que uno/una se va encontrando a lo largo de la existencia. Las personas no son siempre iguales y sus circunstancias, sobre todo, se transforman. No hay por qué renunciar a la «idea» de amor romántico, pues esto forma parte de nuestra cultura. Pero si el amor es la vida, el matrimonio significa la muerte.

Cuando el desorden amoroso se calma, no llega la serenidad, sino el tedio. La casa llena de aparatos que lo hacen todo. Cuatro paredes que albergan a dos seres rodeados de escasos polluelos a quienes, día a día, se les recuerda que viven en un mundo plagado de felicidad. Poco a poco la idea de fracaso sustituye a la idea del amor. Aquella corriente que fluía en el interior de los dos seres se ha agotado. Los recuerdos se llenan de barro. Así se puede llegar a la idea de la separación. Y entonces tu compañero/ra se convierte en un monstruo. Ocurre lo peor: se denigra al otro porque uno/una empieza por no amarse demasiado a sí mismo. De lo contrario, ¿qué ha ocurrido antes? ¿Cómo se ha soportado la convivencia durante un tiempo? ¿Qué ha pasado para ver solo la otra cara del espejo? Solo la idea de una relación absoluta y exclusiva puede llevar a esta sensación de fracaso absoluto. Solo la entrega total esclaviza.

La telaraña

Hay una buena dosis de autoengaño que mantiene la vida de la pareja. En la mayoría de los casos, la mujer se autoanula para gratificar la vanidad masculina y conservarlo, de este modo, a su lado. La idea de conservación se impone a la de libertad. Hay que hablar del masoquismo femenino. Doris Lessing escribe en *El cuaderno dorado*: «Si las mujeres son tan cobardes ello se debe a que han estado medio esclavizadas durante mucho tiempo. Es aún reducido el número de mujeres dispuestas a sostener su punto de vista acerca de lo que realmente piensan, sienten o experimentan con un hombre al que aman. La mayor parte de mujeres saldría corriendo como perritos apedreados cuando un hombre dice: "No sois femeninas, sois agresivas, os portáis mal conmigo". Tengo el convencimiento de que cualquier mujer que se casa o, de alguna forma, se toma en serio a un hombre que recurre a este tipo de injurias se merece lo que tiene». Yo también. Montones de mujeres prefieren ser nada al lado de un hombre antes que ser algo ante el mundo. Y no se dan cuenta de que esto último es un excelente principio hacia algo nuevo. «Yo solo me separaría de mi marido si se emborrachara o me pegase. Bien... Dos o tres bofetadas todavía las soportaría. Pero una paliza...» Esto lo he oído de una mujer que supone que la respetan. No le pegan, la mantienen. Pero no hay un ser humano a su alrededor que la mire, que le hable. El siglo XIX impuso un nuevo tipo de trato a la mujer: ya no se la pega, pero se la ignora sutilmente a través de la galantería y la caballerosidad. ¡Son tan niñas! Y es cierto: una mujer que soporta este trato, aunque solo sea por unos instantes, no es más que una mujer que ha renunciado a crecer.

(Mujer gritando por el hueco de la escalera.)

—¿Vas a regresar tarde?

—¡Cuando me pase por los huevos! —responde el marido.

—¡Ah, bueno... Pero no vengas muy tarde, ¿eh?

«Mientras lo tenga en casa...» Muchas mujeres «tienen» a sus maridos solo físicamente. «Me viene a tal hora...» «Le tengo...» El marido-cazador llega al punto de referencia-mujer para ser atrapado en la telaraña del hogar. La víctima masculina ha engendrado montones de chistes al respecto. Ella es el punto neurálgico, ella es quien manda. Ha tejido pacientemente una telaraña alrededor del hombre porque desde niña le han enseñado cómo hay que dominar las debilidades masculinas. Es igual que el esposo solo esté figuradamente, es igual que la mujer sospeche el engaño, la deslealtad, el que él desee a otras mujeres. El adulterio ocurre más allá del hogar. Él le concede a ella ser la reina del hogar. A cambio, él es el rey en el mundo. Al fin y al cabo, son concesiones entre esclavos.

La mujer se valora solo a través del hombre que convive con ella porque ya desde niña se la ha educado para que su superego sea más débil. Muchas mujeres «triunfan» como personas a través de su relación con el hombre. Y buscan ser amadas por ello. Se pasearán el domingo agarradas del brazo del marido y con los polluelos. El hombre, cuando se sienta débil, se acercará a la esposa buscando una madre y, poco a poco, la antigua mujer, o quizá compañera, irá desarrollando sus cualidades maternales y reduciendo las de hembra porque intuye que el antiguo hombre se ha convertido en un niño más de la casa.

El padre, a menudo dentro de la familia, se convierte en un niño mimado. Se desarrolla su lado infantil y tiránico, reforzado por la madre, que lo desprecia inconscientemente y transmite este desprecio a las hijas adolescentes. En la familia, ella es quien manda. Fuera es ridiculizada. La madre es un mal modelo para la hija adolescente, porque tiende a crear un mundo fuera del alcance del marido, procurando que este se sienta intruso o medio perdido en él. Rodea a los hijos de «comprensión» y «amor» valorizándose donde se la desvalorizaba. Lo que yo me pregunto es cómo pueden salir hijos equilibrados si son productos de sentimientos tan neuróticos. Los hijos son el chantaje de dos caníbales que se necesitan y se repelen al mismo tiempo. Los hijos pueden ser la carnaza que devoran dos fieras enjauladas por una relación exclusiva y estereotipada.

Es comprensible que a la mujer le dé miedo el mundo, gobernado por hombres que tienden a la destrucción de su equilibrio, pero este miedo las atenaza de tal forma que se ven incapaces de luchar por su dignidad como personas. Sin embargo, es la mujer quien buscará ser ella misma a partir de la experiencia matrimonial. No el hombre. ¿Por qué el hombre tiene que buscar ser él mismo si desde que nace se le ha dado esa categoría? Además, no habrá hombre que luche por su autonomía total. Su lucha, como todo en la estructura masculina, solo será parcial. Buscará liberarse de su telaraña particular, su combate no será global y único como en el caso de la mujer. En la mayoría de los casos, el hombre desea la separación justo en el momento en que ha encontrado a la sustituta de su esposa. Pocos hombres, todavía, se van a vivir solos. A todo ello hay que añadir que en lo más profundo del ser masculino subyace el increíble, pero real, pavor a la libertad femenina. No es posible vivir con una mujer autónoma bajo el mismo techo. Todavía. Porque el paso del infantilismo a la madurez por parte de la mujer requiere múltiples y agotadoras batallas cotidianas. Es difícil discernir cuándo se trata de una concesión entre dos iguales o de una claudicación de la que está acostumbrada a ser vencida. Pequeñas luchas que se amontonan y que se convierten en resentimiento. Se va desmoronando, a los ojos de la mujer que lucha por su liberación, la estatua del superego masculino. «Mi marido siempre tiene razón...» «Mi marido algunas veces tiene razón...» «Mi marido casi nunca tiene razón...» «Mi marido nunca tuvo razón.» En esta lucha se cometen infinidad de injusticias porque la crispación cotidiana y el haber enseñado al otro demasiado las partes débiles del ser no ayudan a la objetividad. Muchos matrimonios necesitan la ruptura total y son incapaces de transformar el antiguo amor en una sólida amistad. Quizá porque son dos sentimientos que chocan entre sí. Pero si se sabe todo ello, ¿por qué no pensar que hay que plantearse relaciones distintas? ¿Por qué no dejar de pensar en el amor como algo absoluto? ¿Por qué no pensar que todo forma parte del propio proceso vital, que son distintas gradaciones de tu experiencia?

Cada vez que te dejan de amar, te mueres un poco, como dirían los poetas. En el amor se confrontan el deseo y la realidad como ninguna otra cosa en la vida. Durante un tiempo, parece que el deseo se ha vuelto real y uno/una deja de verse roto. Las cosas aparecen diáfanas, incluso el mundo y las personas que nos rodean. Ya he dicho antes que como hija que soy de la civilización occidental no estoy dispuesta a renunciar a los estímulos y vivencias que me proporciona la situación cuando estoy enamorada. No estoy dispuesta a perder esta clase de «inocencia». Pero también, como he dicho antes, creo que el enamoramiento es una actitud que puede volcarse en más de una persona y también en las cosas, en las ciudades. Y ello no tiene nada que ver con que se tengan que compartir las facturas de gas y que dos personas se posean el uno a la otra hasta quedar reducidas a las cenizas del odio o la indiferencia. Quizá los buenos matrimonios, o parejas, son aquellos que saben continuar un diálogo estimulante en el salón cuando los deseos de la alcoba se han apagado para siempre. Cuando el esposo y la esposa se han convertido en hermanos y cómplices de los enamoramientos paralelos. Pero temo que en la España actual solo es posible esta relación fraternal cuando el sexo se ha castrado para ambas partes. Mientras subsista la posibilidad de ser poseído por un tercero la crispación seguirá. De todas maneras, en la España de la «modernez» se ha empezado a hablar de que «el mejor matrimonio es a tres». Hasta el momento, se aceptaba dentro de la filosofía común que la única que necesitaba canalizar sus ardores fuera del hogar era la sensualidad masculina. Existía la «otra». Y todo un vocabulario, que todavía subsiste, a su alrededor: «Estoy liado», «me he complicado la vida», «tengo un asuntillo».

Esta «modernez» está convenciendo a muchas mujeres insatisfechas, sobre todo de la clase media, de la necesidad de buscarse un amante. En una revista femenina francesa leí que las mujeres casadas encuentran el equilibrio con un amante. Aquí parece que se está poniendo de moda la idea. Pero a mí me da la sensación de que la mujer imita en esta ocasión al hombre: ayuda a conservar su lugar dentro de la familia, no se recupera a sí misma. Todo queda intacto. En este caso, la mujer que tiene un amante y engaña al marido poniéndole la cena cada noche mantiene el matrimonio como una necesidad económica. Mantiene la necesidad social, que aparece cada día hasta la saciedad en los anuncios de la televisión e incluso en los billetes de avión que son más baratos si viaja usted con su marido.

No se piensa en la sociedad como en un conjunto de individuos que pueden formar grupos espontáneamente. Se piensa en la sociedad en términos de pareja y, rota esta, la venganza entre ambas partes, o en la del perdedor, se circunscribe a la repartición de los bienes materiales o utilizando a los niños en calidad de producto, como un chantaje. La separación origina un buen lío económico y todavía hay poca gente que se enfrente a ello, ya que recuperar la identidad individual significa en cierta manera pasar a ser un marginado. Pero no hay razones solo económicas en el miedo a separarse. Según parece, cada día son más las mujeres que llevan la iniciativa en la separación, mientras que los hombres van sintiendo una profunda pereza a abandonar sus privilegios. Si la sociedad se liberaliza y descristianiza, nadie le va a obligar ya a representar el papel de padre responsable. Si la mujer quiere trabajar fuera de casa, ¿por qué preocuparse de hacer de cazador? Como en otros aspectos de una sociedad permisiva, los hombres de clase media solo aprovechan de la liberalización de las costumbres aquello que les dé más beneficios personales.

O LA PERLA O LA AUTONOMÍA

A lo largo de este artículo he ido diciendo que en el matrimonio es cuando la mujer vive la esclavitud desarrollada en su grado máximo. He dicho, también, que la mujer lucha para reencontrarse a sí misma cuando se separa. Pero esta lucha por la autonomía deja en ella huellas irreversibles. Sabe que inicia una etapa que la va a devolver a la vida después de haber estado socialmente muerta, pero hay que reconocer que lo va a pagar muy caro. La necesidad de autonomía de la mujer es paralela muchas veces al resentimiento que se siente contra el hombre. Muchas veces esta necesidad es hija del fracaso. Cuando el marido, aburrido de la telaraña y ansioso de volar comedidamente, le dice a la esposa: «¿Por qué no trabajas, por qué no te distraes?», esta lo recibe mal porque intuye que no es un acto solidario de su esposo. Y así es: los hombres no acostumbran a decirlo antes, sino justo en el momento que les conviene la autonomía de su mujer. Toda relación es fruto de una necesidad concreta y todavía hay pocos hombres que puedan amar a una mujer que, por su independencia, no satisfaga las necesidades que surgen del egocentrismo masculino. Mientras a ellos les place, los servicios prestados de la mujer marchan.

Sí, he hablado del masoquismo femenino. ¿Por qué no citar su contrapartida, la vanidad masculina? Muchos hombres se quejan de tener una mujer demasiado «dependiente» de ellos y no se dan cuenta de que ellas son su obra, ellos han modelado la esclava día tras día. «Si la dejo, la mataría», dicen algunos hombres que confiesan no amar ya a su mujer. Y serían los primeros sorprendidos si esta tomara una actitud de desapego. Ellos han ejercido ya desde el principio el derecho de conquista masculino: la irrupción, a veces violenta, a veces galante, en el cuerpo y en la mente de la mujer. Es atractivo explorar este terreno humano tan desconocido. Es atractivo elegir a la mujer. He ahí una historia que me contó un pintor:

> Un amigo mío, de unos sesenta años, vivía con una mujer de treinta, inteligente y hermosa. Se les veía muy felices. La cosa me intrigó y un día le pregunté cómo se lo había hecho para tener una mujer así, tan joven y tan bella, a su lado. «Muy sencillo —me replicó el amigo—. Cuando me separé de mi esposa, estuve unos días invitando a cenar a mujeres jóvenes y hermosas. De acuerdo con el camarero, escondía una perla en una de las ostras que nos íbamos a comer. La mayoría de las mujeres que se encontraban la perla no me decían nada y,

cuando yo no miraba, se la guardaban en el bolso. Hasta que una noche encontré a la que iba a ser mi compañera: fue la única que me dio la perla.»

Para el pintor y para su amigo esta es la mujer ideal: la que es capaz de dar la perla que tiene dentro al hombre que la ha elegido. Pero todavía hay más: según el pintor y su amigo, incluso muchas mujeres no son más que las transmisoras de la perla a otros hombres. No se le da a la mujer ni el derecho a elegir a quién otorgar su «perla».

Para muchos hombres es altamente gratificante hacer de padre. «Mi mujer ha aprendido muchas cosas de la vida a mi lado», te dicen hombres que creen, en general, en eso que se llama libertad del ser humano. Para ellos la esposa es la mujer-niña, incompetente e inútil, llena de miedos y temores e incapaz de andar sola por el mundo. Es entonces cuando las mujeres juegan, inconscientemente, con su debilidad para retener al hombre. Convierten al marido en esclavo de su propio dolor y ellas en esclavas de sí mismas. Me parece que es solo dentro del matrimonio cuando tomar partido por el débil no significa un acto de libertad. Si se toma partido por los oprimidos, por los perseguidos, esta actitud es hija de tu voluntad y porque deseas que esta opresión finalice. Es un acto de amor. Pero dentro del matrimonio el amor se convierte en antropofagia. En realidad, no se desea ni se ama la libertad del otro. Antes que la libertad se prefiere su destrucción. Ver a tu compañero disminuido físicamente, pues la cara cotidiana de esta protección del débil se convierte en obligación. Y la obligación encorseta, engendra mentiras, hipocresías y paternalismo. «Mi marido me necesita, no sabe cómo desenvolverse en casa», dice la esposa-enfermera. «Ella es tan niña», dice el padre-marido.

Es difícil llegar a pensar que nadie pertenece a nadie si no es circunstancialmente, cuando dos cuerpos y dos espíritus —o mentes, o lo que sea—, se encuentran y llegan a formar lo que los románticos llamarían la «armonía cósmica». Pero esto le ocurre a poca gente y en contadas ocasiones. Hay que tener una cierta predisposición para ello y encontrarse disponible. Por fortuna, esta armonía no es eterna porque es tan intensa que mataría.

He encontrado, hoy y en nuestro país, a contadísimos hombres que tienen el valor de mostrarse ante la sociedad como individuos solos y capaces de mantener una amistad sólida y profunda con varias mujeres a la vez. Por el contrario, son cada vez más las mujeres capaces de pasearse solas y reivindicar su individualidad como un desafío.

Un nombre propio

Pero también hay que decir que muchas mujeres llegan al feminismo sin creer totalmente en esta necesidad de autonomía, sino porque se sienten despechadas, tratadas como un trapo sucio al que hay que lavar la cara. Y es que la autonomía comporta soledad. Es muy difícil aceptar bien la soledad si no es fruto de un deseo de liberación interiorizado. Se siente la necesidad de ser una misma, pero las consecuencias dan terror. El miedo y el deseo se entrecruzan y se sufre la ansiedad entre el modelo y lo que es una realmente. En nuestra civilización hay que aprender a ser independientes. Sí, esto se admite. Pero ¿cómo?, se preguntan muchas mujeres, desvalorizadas desde el nacimiento, incapacitadas para encontrar trabajo, sin profesión. Y es aquí donde el matrimonio se convierte en el punto neurálgico de la castración total que sufre la mujer. El matrimonio la ha convertido en una niña no solo ante sí misma y ante el marido, sino también ante el mundo. La imagen de felicidad, además, no viene dada a través de tu consciencia individual, de tu propio proyecto de vida, la felicidad es arrojada a través de las imágenes estereotipadas que da la publicidad. Una mujer «libre» y «autónoma» (dentro de lo que cabe ser libre y autónomo en una sociedad clasista) no tiene ninguna imagen donde reflejarse. No hay modelos, solo existen en lo más profundo de nuestra mente. En lo más recóndito de nuestros deseos.

No, el futuro ya no es lo que era. Quizá cuatro años de feminismo han abierto los ojos a muchas mujeres españolas que han agudizado con su comportamiento la crisis de la familia y el matrimonio. Pasada la euforia inicial, del descubrimiento de la identidad femenina y del placer de la solidaridad entre las mujeres, muchas de nosotras nos encontramos más rotas que antes y más alejadas de los hombres. Sin guía y sin faro. Pero sin la pareja institucionalizada, sin el matrimonio como regla y como pasaporte para existir, muchas mujeres, por primera vez en la Historia, van a tener un nombre propio cuando se miren ante el espejo del mundo.

Un secuestro ontológico

¡Quitadme el sexo!

Lady Macbeth

«La lucha feminista ataca directamente la actual composición de la familia. La familia no es un invento del capitalismo. Viene desde muy lejos y en el capitalismo avanzado se mantiene como fórmula tradicional de convivencia. Y esto es lo que ha entrado en crisis...»

«El ser humano escindido bajo el imperialismo, división de roles, la teoría del éxito, la competitividad, la vida privada y la vida pública...»

«El hombre es cultura y la mujer naturaleza, el retorno a la edad de oro...»

«La mujer en la familia, la mujer-niña, la mujer casada, una muerta civil, el complejo de la madre moderna...»

«El desprestigio del hogar, los militantes de izquierda que nada más lo son de puertas afuera, el patriarca comunista...»

«La rebelión de las mujeres, una conciencia que hace daño, pero que es necesaria, la solidaridad de *todas* las mujeres...»

«La síntesis revolucionaria.»

Fin y aplausos. Empieza el coloquio. Rumor de sillas, alguien tose. (He estado brillante, lo sé.)

«¿Y qué le voy a hacer? Todo lo que dices me parece evidente. Mi marido es comunista y no está ni un minuto en casa. Siempre tiene reuniones. Dice que uno de los dos tiene que quedarse, y como él es un cuadro... Yo me paso todo el santo día en casa. Con los críos y la abuela, que tiene más de ochenta años. Y aunque quisiera, ¿dónde podría trabajar? Y, encima, me dices que la madre puede ser transmisora de violencia, que oprime a los hijos. Tienes razón, tienes razón, pero ¿qué puedo hacer?»

Le tienes que decir algo. «¿No te das cuenta de que ahora existe la solidaridad entre las mujeres, de que ahora nos atrevemos a hablar, de que hemos salido a la calle?»

«Sí, sí, pero ¿qué puedo hacer?, ¿qué puedo hacer?» No era una, ni dos, eran cincuenta, cien mujeres, mil mujeres, todas las mujeres del mundo las que chillaban. «¿Qué puedo hacer? Cada mañana, quitar las cacas de los niños, limpiarles las velas, limpiar los meados. Cada mañana me despierto para la escatología. Yo y el crío. Caca y pipí. Pañales que huelen a lejía. Quitar el plástico, la carne rosada y escocida. Polvos de talco en las piernas. ¿Se ha caído ya el ombligo? Pon el crío en la cuna, prepara las papillas, ¿qué toca hoy? ¿Cereales? ¡Ay, no!, que tiene diarrea... El crío chilla, da berridos, llora ¡qué ganas me dan de ahogarlo, Señor! Lavar los platos del desayuno, vestir al niño, deshacer las camas, hacerlas, ventilar las habitaciones, ¡ay, no!, al revés, barrer, fregar, barrer, fregar, ir a la compra con el niño-niña, ¡qué bendición de criatura, hay que ver!, ¿y cuántos meses dice que tiene?, ¡pero si no lo parece!, comprar, comprar potingues, volver a casa, poner en marcha la lavadora, preparar el almuerzo, las papillas, crema de arroz, sí, sí, que tiene diarrea... la comida está en la mesa...»

«¡Qué puedo hacer!» Calla, calla. Tú, hace tiempo que has dejado estos quehaceres ¿o es que los has hecho alguna vez? Te casaste con esta idea: «Mi marido y yo compartiremos las tareas del hogar. A medias». Y acabasteis cogiendo a una mujer. Te excusas con la idea de que has creado un puesto de trabajo. Por supuesto, no eres déspota, ni paternalista, ni nada. Dejas las llaves y el dinero en la portería a la chica. Ella te lo hace todo. La convivencia con tu hombre es perfecta. No os peleáis casi nunca. ¿Y cómo os vais a pelear si ninguno de los dos tiene que fregar los platos, ni hacer las camas, ni limpiar los meados de los críos? ¿Te acuerdas cuando te quedaste embarazada del segundo? Alguien te dijo que dejarías de escribir... Tú, no. Tú habías tenido una espléndida segunda criatura, un formidable macho, y seguías con la obsesión de escribir.

Recogía los papeles de encima de la mesa, me ardían las orejas, cuchicheos al fondo de la sala, un cierto cansancio, las sienes me latían, había hablado, quizá, demasiado, el hombre no es el opresor, sino que hace de tal, ¿resultaba inverosímil mi discurso?, había intentado interpretar los sentimientos, que son enemigos de la razón, quería convencerme a mí misma de que el hombre no es el enemigo y no sé quién me había dicho que, para poder luchar, antes tenías que odiar.

Desde que la historia había sido escrita por los hombres, tenías que pedir perdón, perdón por pensar, perdón por no querer ser sublimadas, idealizadas, lady Macbeth había gritado ¡quitadme el sexo! y Scarlett O'Hara quería al hombre porque era el poder, quería a Clark Gable esperándola siempre bajo la barandilla de mármol mientras ella bajaba con un vestido blanco, Clark Gable era el pene que no tenía, estaba vomitando de nuevo mis fracasos más o menos racionalizados delante de un auditorio de mujeres que quizá me admiraban o envidiaban, lanzaba mis palabras otra vez al vacío de la sala a ver si algún ama de casa las recogía, algún ama de casa que sabía que sufría pero que no sabía por qué, mis frases eran, poco más o menos, las mismas, la conciencia hace daño, es una conciencia dolorosa porque vivimos aisladas las unas de las otras, compartimos el lugar más pequeño y más extendido universalmente, el hogar, y esta conciencia no tiene nada que ver con la conciencia del obrero, conciencia liberadora, extendida a las fábricas, a los talleres, dicen que también a las oficinas, nuestra conciencia es la conciencia de la histérica y de la resentida, de la mujer enemiga de la mujer, de la mujer-araña, del miedo, del miedo al vacío que es peor que la soledad.

Me siento vacía, me dicen las mujeres de mediana edad, solo quiero dormir, dormir, mujeres casadas, con hijos, el piso arreglado a media mañana, los niños en el colegio, y yo, ya veis, pontificando, interpretando como una madre abadesa moderna y con más miedo que nadie, cuesta renunciar a la felicidad...

«Tienes razón, tienes razón, pero ¿qué puedo hacer?» Esto es lo que chillan todas las voces del mundo, las voces de mi sexo. Como los gritos clitoriales de las mujeres árabes. «¿Qué puedo hacer?»

Había ido a ver *Flowers*, sublimación de los sueños del homosexual macho. Narcisismo del hombre que quiere ser *como* una mujer o, por lo menos, como ellos han dicho que son las mujeres. Un acto de amor entre machos hasta la destrucción. El ángel y el príncipe, sueños imposibles, posibles en los sueños. La mujer, prostituta, la mujer es pura materia. El homosexual macho se sublima en el arte y en la cultura porque, por lo menos, tiene la apariencia del hombre, la apariencia del poder. Puede representarlo. George Sand fracasó porque se vistió de hombre y no era más que una mujer. O porque empezó demasiado pronto. O porque cometió el imperdonable crimen de querer ser un hombre. O..., vete tú a saber.

¿Y qué le podemos proponer a estas mujeres que no tienen ni trabajo ni formación? Únicamente si se sujetan al modelo propuesto de buena-ama-de-casa-y-madre-comprensiva-y-excelente podrán, en cierta manera, vivir en paz. ¿Quién soy yo para desgarrarles este modelo?

Yo me las tengo que apañar sola con mis dudas, con mi abismo particular.

Las mujeres hemos sido para los hombres el Infierno o el Paraíso. Lawrence Durrell escribió en *Clea*, hablando del personaje Justine: «¿Ninfa? ¿Diosa? ¿Vampiro? Sí, era todas esas cosas y, al mismo tiempo, ninguna. Como toda mujer, no era más que lo que la mente de un hombre (definimos al "hombre" como un poeta que conspira eternamente contra sí mismo) desea imaginar».

Durrell, por lo menos, es sincero y su sinceridad lo engrandece. Como Machado: «Las palabras solo valen la pena cuando expresan un sentimiento auténtico». ¿Cuáles son los sentimientos auténticos de una mujer? Jane Austen queda lejos. No nos interesa. ¿Es el sentido de frustración el auténtico sentimiento de una mujer de hoy? Entonces nuestros poemas, novelas, etc., no estarían creados para sublimarnos, sino para escapar de esa frustración.

«Soy una mujer frustrada», me dice la mujer burguesa. Y, para evadirse, aunque sea por un día, se va a la peluquería, se compra unas botas altas o una nueva crema para el cutis.

Somos porque el hombre nos ha creado. Yo misma, cuando he querido escribir sobre algo «importante» (el mundo de la política, de las ideas, el mundo de fuera), he creado un personaje llamado Jordi Soteras. Ya lo veréis. Hace años que habla. Desde que publiqué mi primer libro. No me atrevo a hablar yo sola. O no me atrevía. Si había que hablar de escatología, de cacas y pipís, me salían la Sílvia o las Mundetas. Pero en las grandes cosas (crisis universitaria, cárcel, el miedo bajo los años del franquismo), un hombre sustituía a todas las mujeres. O no las sustituía, y basta. No, no es cierto, yo había creado a Jordi Soteras. Allí estaba. Era todos los *superegos* que me había ido encontrando a lo largo de mi vida. Mis fantasmas masculinos. Fantasmas que muchas veces no eran hombres concretos, sino el reflejo de mi miedo, de mi inseguridad, del temor a opinar, a meter la pata —cosa que he hecho muchas veces en mi vida—. Cuando Karl Marx dice que duda, lo dice con orgullo. O Einstein. O Bertrand Russell. Para los filósofos y los científicos, las dudas quieren decir indagación, utilizar las neuronas para el placer intelectual. Inmenso y gratificante placer. Para una mujer, la duda no quiere decir indagación, sino todo lo contrario, quiere decir afirmación de la inseguridad con nuestro yo, con la propia identidad. La duda no te lleva al conocimiento, sino a la afirmación de las cadenas del desconocimiento, de la incapacidad de razonar. La duda es la serpiente del árbol de la ciencia que nunca hemos dominado.

Encontrarnos es, quizá, una búsqueda dolorosa pero apasionante. De todas formas, quién sabe si no se tratará también de una búsqueda inútil. Otra más, que nos llevará a la frustración.

¿O ya no? ¿Se habrá acabado de verdad el tiempo de la frustración? A mí me pasa lo que a esas mujeres que se levantan en mis coloquios y me dicen: «¿Qué puedo hacer?».

Yo también lo preguntó: «¿Qué puedo hacer?».

Pero, a pesar de su posible inutilidad, esta búsqueda, este proceso, nos está dando a miles de mujeres de todo el mundo una fuerza extraña. Las demás no tienen tiempo de pensar en ello («¿cómo voy a ser feminista —me preguntaba una mujer uruguaya— si en mi país asesinan, torturan, esclavizan a todo tipo de seres humanos?»). A lo mejor acabamos diciendo, como el viejo y querido filósofo francés, «la mujer es una pasión inútil», pero esta búsqueda, este proceso, es el que hace que nos movamos, ahora y aquí, en todas partes. Cerca del abismo, con nuestras dudas, inseguridades, miedos, terrores, o, simplemente, en el vacío, todo este proceso es el que hace que digamos que estamos vivas como nunca lo habíamos estado.

He escrito con mente de hombre y cuerpo de mujer, lo confieso. Sé que este es el primer paso hacia la esquizofrenia. Pero todo novelista es un esquizofrénico en potencia. Tiene que vivir un sinfín de vidas distintas. O, quizá, más exactamente, la suya está hecha, dividida, en miles de vidas distintas. La escritura es el refugio contra el manicomio. Escribir tantas vidas nos salva de la locura. Eres todos los personajes y, al mismo tiempo, ninguno. El problema es armonizarlos en un único discurso, como dicen ahora los pedantes, en una novela. Flaubert lo consiguió. A lo mejor yo cuento todo esto porque soy incapaz de escribir una novela. Exacto: señores y señoras, esta es la historia de mi impotencia para escribir una novela. Por lo menos, yo lo confieso. Otros novelistas nos enchufan un discurso pedante y pedestre al mismo tiempo, imposible de digerir —como este, más o menos—, pero, además, te dicen que lo que hay que hacer es la antinovela, la destrucción de la novela. Que todo es lenguaje.

Pues yo, no. Yo, lo que quisiera es escribir una novela del ochocientos, de aquellas pletóricas de pasiones, de odios, de rencores, de amores. De suicidios y asesinatos. O de vida vulgar y gris en una ciudad provinciana. Una «historia», en fin. Una historia, pues eso nos gusta mucho, a las mujeres. Igual que a los niños, nos gusta que nos cuenten historias. Una historia que se enrede con otras, que no se acabe nunca. Como una espiral. Una historia que explique piezas de otra que se ha dejado a medio hacer como un rompecabezas. Esto es lo que me gusta a mí.

Ahora que soy consciente de ello, intento conciliar mi cuerpo y mi espíritu. Dejar de crearme en la mente del hombre, reencontrarme en mi propia mente. ¿Y, qué pasará, si solo encuentro pañales y tampax? En *Flowers*, vi la sublimación de la sensibilidad femenina. Pero con la apariencia de hombre. Jean Genet es una mujer con figura de hombre. Yo soy una mujer con figura de mujer. Y he tomado prestadas las palabras, el lenguaje, de los hombres. Porque no hay otro.

Yo, para escribir, solo necesito un lápiz y un papel. No necesito una cámara, ni un bloque de mármol, ni un estudio con cristaleras para pintar. Para escribir, solo necesito la palabra. Y este don no lo puede tener todo el mundo. Soy inmensamente rica.

Los niños prodigio nos inquietan porque ya no son niños. Ya no se corresponden con la imagen que nosotros hemos hecho de un niño. Son «otra cosa». Es como un desafío a las reglas. Un desafío tan violento como los travestís. Admiramos a los niños prodigios, pero no los queremos en casa. Les tememos. Las mujeres que han sobresalido en el campo del arte, de la cultura, en el mundo del trabajo, de la política, son como los niños prodigio. Tampoco las quiere nadie en su casa. Han sobresalido a fuerza de hacer de «hombres», de perder la universal identidad otorgada desde Dios sabe cuándo a la «condición femenina». Tienes que hacer de hombre para defenderte.

Pero hete aquí que, de pronto, el feminismo te reconoce el trabajo que has hecho como mujer durante siglos. Le da prestigio. Te reconoce la edad de oro, el reposo del guerrero. Has acumulado virtudes desprestigiadas socialmente pero envidiadas por los humanistas: el desamor al poder, por ejemplo. Dicen que siglos de acumular sacrificio y resignación han hecho emerger la ternura. Te dicen, la ternura es gratuita.

¿Perderemos estas «virtudes» con la lucha feminista?, ¿son corrupción la historia y la cultura? El *tempo* de las mujeres no es el *tempo* de los hombres. La historia de las mujeres no pasa por los mismos hitos cronológicos que la de los hombres. Pavese, que no sabía gran cosa de nosotras, pero que tenía la suficiente sensibilidad para saber que no conocía casi nada de nosotras, afirmaba que Madame Lafayette y Safo son contemporáneas.

Nos han dicho: «Las mujeres son naturaleza». De acuerdo, nos han hecho así. Sexo. Naturaleza. Agujero. El vacío. El no-ser. De acuerdo, de acuerdo. Pero a lo mejor ahora salimos con las manos más limpias. Más inocentes ¿o no?

Bueno, así, yo me preguntaba si valía la pena que las mujeres entrásemos de lleno en el mundo de la cultura. Eso significaría la corrupción. La pérdida de la inocencia. Dejar de ser la «edad de oro». A lo mejor es este un primer paso: ser el agujero, el vacío, la nada. El coño que escribe. *Tout court.*

¿Pero es cierto todo eso que digo?, ¿es la verdad? También podría darle la vuelta a los argumentos. Nosotras hemos desarrollado la fuerza de los débiles, la malicia de los vencidos. Hemos sido arañas, brujas, gatas-mansas. Hemos arañado y afinado la técnica de los pellizcos retorcidos de monja. Arpías, nos hemos vengado de la omnisciencia del falo. «Chinchaos, chinchaos, tenemos un cuerpo que, aunque no lo queráis, lo deseáis», les hemos dicho. No nos han anulado porque nos necesitan. Somos el «sexo» y los hombres no son más que una variante de nosotras, como dice la biología. Los poderes de los hombres se han basado en su miedo, incertidumbre, debilidad, en su fascinación por nuestro cuerpo. Nuestro cuerpo contiene la vida, nuestro cuerpo es autónomo. Ellos tienen tanta envidia de nuestra maternidad que han fabricado la guerra y la muerte. Ellos dependen de nuestro cuerpo.

Sí, sí, pero, mira por dónde, su debilidad les ha ayudado a desarrollar la mente. Ellos tienen la inteligencia, la razón, el saber. La filosofía y la ciencia. El Arte (claro que, ante la bomba de neutrones, podría añadir que, al fin y al cabo, no sé para qué les ha servido, pero eso ya es harina de otro costal). Ellos han reflexionado sobre la bondad. Ellos son el doctor Fleming y Schweitzer. San Francisco de Asís.

Y la guerra y las leyes. La crueldad. El dominio. El poder.

Y el Bien, la entrega absoluta.

Ellos son el universo. Lo masculino *es*, nosotras estamos hechas sobre lo masculino. La Costilla de Adán, el dedo gordo de los esquimales, da igual. Ellos son Beethoven y Hitler. El comandante de Sachsenhausen que, después de estrellar niños judíos contra la pared, lloraba de emoción oyendo a Mozart. El obispo de Viena que, en el siglo XVIII, castraba a los cantores de la escolanía para que conservasen la voz de soprano, y, de esta manera, llegar a las notas más altas de Bach.

Ordeno los esquemas que están desparramados por la mesa. He terminado mi conferencia. Esta vez era sobre «mujer y cultura». Los argumentos de mujer resentida están en el fondo de mi alma. El resentimiento es un mal compañero del arte. Hay que bajar a la vida cotidiana. Volverse a enamorar de Gary Cooper.

No, todavía falta el coloquio. De nuevo se levantará una mujer para preguntarme lo de siempre: «Todo eso es muy estimulante, pero ¿y, ahora, qué hago?». Intento explicarle de nuevo que nuestras angustias son un asunto colectivo, que nuestros trasiegos tienen una explicación histórica, cultural y social. Y, como trasfondo, la religión. Cito al maestro Marx —y su mujer ¿qué? oigo que alguien cuchichea en la otra punta—, filósofo misógino en su casa pero que nos ha proporcionado algunas claves para entendernos. Nosotras, unidas por el sexo, por el cuerpo, por el agujero. Por el vacío. Y otra vez las mujeres me oyen, casi todas callan. Alguna se levanta para explicar, en voz alta, los pensamientos de todas.

«Mi marido no es mala persona, pero...» Resulta que la mayoría de los maridos no son malas personas. Sin embargo, este «pero» que no acaba de perfilarse trata de expresar ráfagas de pensamientos: «Mi marido es insoportable, huele mal, grita, a veces me ha pegado, no lo aguanto cuando hace el amor, no me da bastante dinero, me tiene abandonada, no me saca nunca de casa, todo lo encuentra mal, no le gusta la comida que hago...». Me dan ganas de decirle, «señora, ¿ha mirado a su vecino?». Tengo ganas de gritarle que lo asesine, que le ponga cianuro en la sopa, que lo estrangule con la corbata mientras duerme. Tengo ganas de gritar que no hay nada que hacer, que los hombres no nos entenderán nunca, que no pueden, no pueden... Pero vuelvo a hablar de Karl Marx, no puedo remediarlo.

¿Qué debe de pasar por las mentes de las mujeres que me oyen? Sé que después del coloquio vendrá alguna, con peinado de peluquería, lacada, y collar de perlas, diciéndome cosas como esta:

> Mi marido, antes, me dejaba tranquila. Solo me obligaba a «hacerlo» una vez cada quince días, pero ahora es una lata, no me lo puedo quitar de encima. Muchas noches llega con un montón de revistas pornográficas, porquerías de todas clases. Las lee una por una, con calma, después de cenar, y luego va a la habitación y me despierta. ¿Qué quieres?, digo. Y no me contesta nada, se echa encima de mí,

y, hala, a follar. Yo solo tengo ganas de acabar, de que acabe, para seguir durmiendo. ¿Eso es lo que ahora llaman libertad?

¿Qué sé yo de un hombre cansado, de un hombre que vuelve asqueado del trabajo, con la cartera llena de revistas pornográficas? ¿Ni de los gritos que ha recibido del capataz, del jefe de personal, del jefe de sección? ¿Qué sé yo de sus sueños, de las fantásticas muchachas de papel, con piernas de seda y miradas incitantes? ¿Qué sé yo del sexo del hombre? ¿Qué debe pensar ese hombre, cansado y perdido, de noche?

Eso solo lo saben ellas. Ellas, que se casaron con ese «príncipe», que llegaron a hacer real el sueño de los personajes de *Flowers*. Un vestido de tul y un vals. Un pastel de cuatro pisos. Un hombre para protegerla toda la vida. Así pues, tengo ante mí muchos rostros de mujeres que me miran. Muchas mentes que no me dicen lo que piensan. No puedo hablar por ellas. No puedo inventarme sus conversaciones decaídas de sobremesa, las palabras a medio decir, los cientos de malentendidos, las peleas atrofiadas, los abrazos oxidados.

Yo, encorsetada por las citas y muerta de miedo, vomitando su vida y su miseria a través de cifras y frases «brillantes», yo, que estoy a caballo entre la naturaleza y la cultura. Yo, que ya no sé quién soy. A quién pertenezco. Cuál es mi mundo. Yo, que quisiera llamarme todos los nombres de las mujeres. Y no llamarme ninguno.

Y quisiera saber si ahora ha llegado, de verdad, el tiempo de la mujer.

¿Mujeres o personas?

Cuando nosotras, las mujeres, empezamos a hablar de nuestro cuerpo es como si entráramos en otra galaxia, una nueva galaxia que ya no es el vacío, ni la costumbre, ni la ley que nos ha llevado al determinismo y a la resignación.

El conocimiento de nuestro cuerpo significa hoy el primer desafío a lo que ha sido llamado nuestro «destino». Todavía no sé cómo vamos a salir de ello. A veces me entra una especie de terror cósmico y me pregunto: «¿Y si nos equivocamos? ¿No estaremos desafiando a la Naturaleza?». Son mis raíces mágicas las que hablan entonces: tú, mujer, eres Naturaleza, tierra. Si gente tan sabia como los filósofos, como Hegel, así nos han descrito, ¿por qué nos obstinamos ahora, aisladas y solidarias, en rugir que no, que no aceptamos ese «destino»?

Quizá porque estamos aprendiendo a conocer nuestro cuerpo; quizá porque aceptamos por primera vez, sin resignación ni quejas, el desafío que la Historia, escrita por hombres, nos hace y decimos: «Muy bien, estamos hechas de carne y de sangre, somos un enorme agujero. Y amamos con locura, sin la "inocencia" de los ignorantes —atributo culturalmente "femenino"—, esta carne y esta sangre. Y no esperamos llenar este agujero con vuestro semen para ser mejores, ni que se nos sublime nuestro cuerpo solo a través de la maternidad. Nosotras aceptamos este cuerpo a partir de nuestra visión, a partir de él mismo, sin inventar nada. Luego hablaremos con el otro cuerpo, el cuerpo del hombre».

Si naces mujer tienes que pedir perdón. Debían pedirlo en Esparta y en China, y en tierra de esquimales, cuando el infanticidio estaba permitido si nacías niña. Nacer niña es nacer siendo «menor». También ahora y aquí.

Cuando se firmó esa especie de compromiso histórico a la española que se llamó Pacto de la Moncloa, los periodistas preguntaron a Santiago Carrillo, líder del PCE, si las cosas habían ido bien. El diálogo fue así: el periodista le pregunta a Carrillo si había habido parto. Y la respuesta del comunista fue que sí y, para expresar su satisfacción, añadió: «¡y ha sido varón!». A Santiago Carrillo, hombre de izquierdas y con voluntad de transformar la realidad, el inconsciente le había traicionado. El inconsciente, este magma subterráneo y resbaladizo, impregnando nuestro interior durante siglos, y que ha ido configurándose de generación en generación, hecho de miedo y angustias, de terrores nocturnos, de sueños, de mitos y de tabúes, y que yace, a finales de nuestro supertécnico y supercientífico siglo XX, agazapado y a punto para volvernos a acorralar.

Al adquirir conciencia de tu condición te dicen: eres así porque eres hija de Eva. Eres Eva, y, por consiguiente, madre. Así lo expresa el Génesis, cuando dice que Eva significa, precisamente, «la madre de todo lo que vive». No una persona sino una *madre*. Eva sería la resignación, el gran útero que envuelve al hombre, que lo seduce y lo acuna, Eva sería el bien, la edad dorada, el Paraíso Perdido para el hombre que se siente desvalido ante el mundo de fuera, creado pero no amado por él, un mundo hostil y agresivo. La relación con la mujer, Eva, no sería completamente erótica. Pues detrás de toda mujer la mayoría de los hombres buscan a la madre perdida. El hombre, según la maldición bíblica, «pasará toda la vida penas para poder comer de la tierra». A la mujer, Jehová le dijo: «Te multiplicaré los dolores y embarazos; tendrás los hijos con dolor. Tu deseo te impulsará hacia tu esposo y él te querrá someter».[1]

El hombre, según el mito hebraico, tenía que dominar la Na turaleza por medio del trabajo y el esfuerzo. Así nacía la Cultura y se hacía la Historia. La mujer se quedaba en la «naturaleza». «Era» naturaleza. Las leyes, las religiones, se han encargado de transmitir esta división hasta hoy. Todavía hoy el trabajo no es una realización, sino un deber muchas veces agobiante. Todavía hoy en muchos lugares de la tierra, y a veces con tesis falsamente progresistas, se obliga a las mujeres a parir con dolor. Hasta hace muy poco, esta división parecía inmutable, eterna, esencial.

Por ello, creo, las feministas quieren dejar de ser las hijas de Eva y reivindican a otra primera mujer, a Lilith, valiente y audaz, maestra de su destino. Lilith, demoníaca, no surgía del mito hebraico, como Eva, sino de un modelo asiriobabilónico. Los rabinos del siglo XVII interpretaron que Lilith debía de ser la auténtica primera mujer, de una sexualidad incontrolada, y la opusieron a

Eva, símbolo de la maternidad. Los rabinos, portavoces de la razón como lo son los Padres de la Iglesia, y lógicos como Aristóteles, llegaron a la siguiente conclusión: «El Señor plasmó a Lilith, la primera mujer, al igual que había plasmado a Adán, pero, en vez de puro fango, utilizó la suciedad y estiércol».[2]

Lilith representaría a la mujer autónoma frente a la mujer-madre llamada Eva. Las mujeres hemos sido hueso del hueso del hombre y carne de la carne del hombre. El parentesco entre el esposo y la esposa todavía es más fuerte, según la Biblia, que el de los propios padres. Dios de la costilla del hombre hizo un «nuevo» ser, la mujer, y el hombre dijo: «esta se llamará la esposa porque ha sido tomada del esposo».[3] En hebreo el nombre de mujer es *ixà*, femenino de *ix*, hombre. Así ha nacido en la mayoría de las lenguas el género femenino, un género «accidental», mientras que, como se enseña todavía hoy en muchas escuelas, el género masculino es el «esencial». La esposa tomará el nombre del marido, la esposa «será» en cuanto lo «es» su esposo y en cuanto futura «madre». La literatura se ha encargado de dar permanente vigencia a este asunto.[4]

El hombre y la mujer, que no tenían vergüenza de ir vestidos, se vistieron. Empezó la pérdida de la «inocencia». Eva alumbró a Caín y estuvo contenta, pues había parido a un «hombre» (recordemos al «varón» de Santiago Carrillo) y lo había parido gracias a Jehová, que, como en todas las religiones monoteístas, es un dios masculino. El hombre perdió la inocencia por culpa de la mujer, que se había aliado a la serpiente del árbol. La serpiente sería el vínculo entre el hombre y la mujer, el triángulo del conocimiento carnal. ¡Cuántas mujeres deben haber soñado con serpientes atravesando su cuerpo! Este número, el tres, místico y a menudo sagrado, es mucho más antiguo que el de la Trinidad de la religión judeocristiana.[5]

Hay viejos mitos de la Prehistoria, cuando la cultura todavía no se escribía, según los cuales existía una Diosa Madre benefactora, aliada de la serpiente, considerada como un animal sagrado, y de los árboles de los primeros cultivos, como la Planta de la Inmortalidad y el Árbol de la Ciencia. Según parece, el mito de la creación de Eva es el último fragmento, de alguna manera «depurado», de un viejo mito materno que surgió en nuestra área mediterránea. Eva, pues, sería el principio hecho mito de nuestra opresión. ¿Será por ello el que las brujas de la Edad Media desafiaban el mito judaico buscando la alianza con la serpiente y el árbol? ¿Era una manera, todavía inconsciente, de contrarrestar la fuerza moral de la Biblia que pregonaba de alguna manera la «inocencia» del varón ante la alianza de las fuerzas del mal, la mujer y la serpiente?

De todas maneras, los viejos mitos de la religión judaica no son los únicos iniciadores de la opresión de la mujer, ni tampoco los creadores de la mística de la maternidad. El mito de la mujer que nace hombre es antiquísimo y se reproduce en muchos pueblos primitivos: en Groenlandia, por ejemplo, dicen que la mujer nace del pulgar del hombre. Este mito, ¿no habrá nacido en el momento en que el hombre se da cuenta del «poder» materno de la mujer, poder que él no posee? ¿No empezaría entonces, a partir de esas raíces míticas y más tarde morales, el Patriarcado? La propia mitología griega, más abierta y desinhibida que la judaica, también hace que Atenea nazca de Zeus y Afrodita de Poseidón.

Si la herencia bíblica nos ha sumergido en el misterio durante siglos, forjando este carácter universalmente «femenino», sumiso y determinista, tampoco es que los hombres sabios nos hayan ayudado mucho a desafiar, junto al varón, esa naturaleza. Hemos tenido, según ellos, un sexo oscuro, herido por los tabúes, inexplicable. Leonardo da Vinci, que inauguró la tradición del dibujo anatómico artístico, dibujó nuestro sexo con «inexactitud indignante». Para la Medicina clásica árabe, el sexo femenino no tenía configuración descriptible.[6]

Las mujeres, según el filósofo griego Aristóteles, somos un macho imperfecto porque carecemos de semen. El padre es el principio eficiente, la idea. La madre, la materia. Un siglo antes, otro filósofo griego, Demócrito, había intuido que las mujeres teníamos ovarios al mismo tiempo que la materia se descomponía en átomos. Su tesis no prosperó, y hasta hace apenas un siglo el sexo de la mujer ha sido el sexo «desconocido» por antonomasia. Centenares de hombres sabios han estado convencidos durante siglos de que las mujeres solo somos recipientes. La madre, según el trágico Esquilo, no es más que un vaso donde el germen del padre se desarrolla. ¿Qué diferencia hay entre Esquilo y el marqués de Sade que, veintitrés siglos más tarde, afirmaría que la mujer es una cloaca? ¿O con santo Tomás de Aquino, que entre medio, en el siglo XIII, afirmaría lo de «tota mulier in utero», añadiendo que la mujer es algo deficiente y circunstancial? ¿O con el apologista y teólogo Tertuliano que, en el siglo II, afirmaba que el hombre es la gloria y la imagen de Dios, digno de libertad y de honor mientras que la mujer es indigna porque es la responsable de la caída de los ángeles? No hay diferencia entre ellos a pesar de los siglos que los distancian. Su filosofía se ha convertido en la filosofía del sentido común y, lo que es todavía peor, algunas mujeres hemos sido sus más ardientes defensoras y nos hemos entretenido durante decenas de años en propagarla.

La mujer ha sido, pues, durante mucho tiempo, un simple habitáculo que contenía y expulsaba criaturas creadas por el hombre. ¿Cuántos hombres todavía hoy dicen a su mujer: «te voy a hacer un hijo»? ¿O bien: «esta está tan buena que le haría un hijo»? En el lenguaje común encontraríamos miles de ejemplos, en los diccionarios, en el refranero. El inconsciente humano, a pesar de los grandes avances políticos y sociales, ha cambiado mucho menos de lo que nos imaginamos. Prevalece, latente y subterráneo, el culto al esperma, al falo, a los símbolos que han configurado el poder masculino. Así, forjada tantas veces en la fuerza, la crueldad, la violencia, perdura la superioridad del hombre. Gracias al inconsciente no transformado.

«¿El feminismo?, una teoría interesante...», comentan algunos hombres progresistas y «politizados». «Pero no me lo traigáis a casa», añaden, desconfiados. Compañeros de lucha colectiva nos reprochan que seamos conflictivas. No es momento, ahora, de plantear conflictos. Y ellos no se dan cuenta de que el conflicto está en nosotras, en nuestro cuerpo no asumido, desconocido. De que, para ser personas, nos hace falta descender a los infiernos. «Querías una mujer y has encontrado una persona / y te sientes desengañado», dice la poetisa finlandesa Edith Södergran, quizá en un arrebato de optimismo al considerarse «persona» siendo «mujer». Creo que las mujeres no seremos nunca «personas» hasta que no impongamos nuestra condición sexual. Al fin y al cabo, ser «persona» es tener garantizada la máscara social, tener nuestro lugar en la sociedad.[7] Precisamente, la locura de las mujeres se distingue de la de los hombres porque para estos el conflicto con la realidad se presenta al ponerse en cuestión su «ser para los demás». La mujer cuestiona su «ser en sí misma». «Colocadas siempre en la disyuntiva absoluta de existir como persona y, por lo tanto, no ser mujer, o aceptar este "ser mujer" y por lo tanto no ser "persona", nuestra vida tiene un bono en blanco de entrada al manicomio.»[8]

El falo, símbolo del poder y de la fuerza —observemos, si no, algunos monumentos de nuestro reciente fascismo—, ha sido el «sexo» glorificado. Los exhibicionistas-machos, desgraciados y miserables, se esconden en las callejuelas oscuras para mostrar a las mujeres el símbolo del poder que le han atribuido. Los exhibicionistas, en este sentido, son más sinceros que tantos y tantos hombres que esconden su falo tras el poder del dinero o del mando. Luego están los violadores. Y nos preguntamos: ¿por qué no existen violadoras? Porque nuestro sexo representa el vacío, la nada, la ausencia de poder. El violador no hace más que llevar al límite lo que la ley y la sociedad le han atribuido: el poder del macho.

Un caso reciente en un pueblo cercano a Gerona: un padre sin trabajo y que vive con los suyos hacinados en una barraca mata a su hija porque esta no se ha dejado violar. ¿No es una manera de llevar hasta la aberración los atributos de la patria potestad, todavía hoy vigente? ¿De la vieja ley romana de que el padre de familia podía disponer de la vida de sus hijos como de la de sus esclavos? La había dado, podía quitarla.[9] ¿Cuántos padres han intentado hacer lo mismo con sus hijas, si no físicamente por los menos moralmente? En el barrio donde he nacido, lleno de familias «respetables», un abogado de «prestigio» horrorizó a su esposa cuando esta se enteró de que su marido había abusado de su hija mayor. Una violación concebida en el silencio de la decencia y de la consideración social. ¿Cuántas mujeres no se sienten violadas por sus esposos dentro de la impermeabilidad de los dormitorios conyugales? Los maridos ejercen su derecho sobre el cuerpo de la mujer porque ellos son el poder, el Sexo por excelencia. No es de extrañar, pues, que tantas y tantas mujeres se hayan refugiado en la maternidad para llenar con algo este vacío absoluto.

¿Qué ha pasado, pues, con nuestro sexo, con nuestro cuerpo? Ignorantes de nuestra realidad, de nuestros órganos reproductores, de nuestra posibilidad de placer, necesitamos descender a los infiernos para reencontrarnos. Quizá surgirá algo nuevo que ya no será llamado «naturaleza» porque tampoco nuestra realidad actual tiene ya nada que ver con la naturaleza de nuestras abuelas de la Prehistoria. Quizá nos reconciliemos con nuestro sexo y con el «otro», el del hombre, gracias al hecho de dominar nuestra experiencia, nuestra historia. Sin que nadie nos la invente de nuevo.

La herida que chorrea

A veces, en broma, me pregunto: ¿Karl Marx hubiera escrito igual *Das Kapital* si hubiera tenido la regla? Cuando me vino por primera vez «eso», mi abuela, con una sonrisa hecha de complicidad y terciopelo, me dijo: «Ya eres una señorita». Se cumplía, por millonésima vez, el rito. Un rito hecho a la medida del Ensanche, claro. La monja, a quien había pedido ayuda al notarme por primera vez húmedas las entrepiernas, palideció y, temblorosa como una flor, me castigó. Ya era una señorita y de ahora en adelante tenía que sentarme con las piernas cruzadas y hacia dentro, no bañarme en el mar, ni lavarme la cabeza, ni hacer mayonesa, ni regar las plantas... Ya era una señorita, ni una señora ni una niña. Entonces no se sabía nada del «Tampax» y las compresas que se tiraban después de usar parecían una modernidad. Usábamos paños de toalla que lavábamos puntualmente después de dejarlos horas en lejía. Cuando una vecina tenía la regla se sabía gracias a los paños tendidos en los patios interiores.

¿Qué sabía Karl Marx de los paños de su mujer, de los pinchazos en el riñón, de los retortijones en el bajo vientre, de los dolores en los ovarios de su mujer, en los ovarios de sus hijas, en los ovarios de su criada? «Mundo de mujeres», debía pensar. Mundo mágico. Karl Marx, que nos dio las llaves para entender la Historia, no nos dio la clave para entender nuestro cuerpo. Y es natural: por ser hombre, nunca tuvo la regla ni se quedó embarazado.

Con la menstruación dejábamos atrás el juego y la igualdad con los niños. La sangre roja era la confirmación de nuestra «inferioridad». ¡Cuántas promesas, cuántas personalidades femeninas se han perdido en la adolescencia! ¿Por qué? ¿Por la sangre roja que derrochábamos mes tras mes? «A los diez años, la muchacha es más viva, más fina que su hermano; a los veinte, el tunante se convierte en un *homme d'esprit* y la chica en una gran idiota inútil, tímida, y que tiene miedo de una araña», escribía Stendhal, hace más de siglo y medio.

Una vez, las niñas del colegio pasamos horas y horas murmurando en voz baja porque habíamos visto caer un paño por el agujero de la escalera. Una escalera señorial. Otra vez, cuando yo tenía catorce años, se me escurrió el paño y se quedó extendido en medio de la calle, al lado de un grupo de chicos. Tenía prisa y corría... ¿Cuántas mujeres no han pasado angustia solo de pensar que se les podía caer el símbolo de nuestra «suciedad», «impureza», «vergüenza»? ¿Que podíamos manchar la falda si la hemorragia se presentaba sin avisar y tempestuosa? La regla..., qué cosa tan angustiosa y asquerosa a la vez, que viene implacable cada mes, que nos trastorna y nos recuerda nuestra inferioridad... Así la veía yo en mi adolescencia. Cada mes se desliza ese despojo inútil piernas abajo, ese «algo» que no me permite sentirme en libertad. Frente al producto-hijo, reconocido como algo útil, servible, la regla es la evidencia de nuestra improductividad sexual.

Cada día millones de mujeres hacen lo mismo: estiran del cordón del «Tampax» y lo arrojan water abajo o bien entierran la compresa envuelta en papel de periódico en la basura. A pesar de que los tiempos han cambiado y de que la publicidad nos hace «seres libres», siempre procuramos hacer desaparecer esos despojos como algo «insano», «impuro».

La regla es la «sangre impura» que chorrea de una herida, de nuestra vulva. Machos imperfectos, según Aristóteles, hombres mal acabados, según un amigo progresista, pocas veces nos encaramos a nuestras reglas como algo benéfico. El lenguaje expresa el misterio: tenemos «eso», la «mala semana», la «visita», la «tía Pepita», estamos «indispuestas». Todo ello nos llega como si viniera del centro de la Tierra, envuelto en magia y en complicidad. Somos una raja, una hendidura, un sexo herido que chorrea sangre. La regla angustia a los hombres y, de rechazo, a las mujeres. Y no nos damos cuenta de que hablar de la regla, hacer bromas con ella, hacer el amor teniendo la regla, bañarnos, tocarla, olerla, es la manera más sana de romper tabúes ancestrales. Que cuando arrojamos nuestras compresas sin mirarlas, que cuando no nos atrevemos a hablar de nuestras reglas ante los hombres, no hacemos otra cosa que ratificar, en el inconsciente, los tabúes antiquísimos recogidos por los antropólogos.

George Frazer nos lo cuenta en su famoso libro *La rama dorada*. En muchos pueblos primitivos, las muchachas que se acercaban a la pubertad eran escondidas para que no tocaran el suelo ni vieran el cielo. Para no mancillar ni una cosa ni la otra. En Alaska, encerraban a la adolescente en cabañas con un solo agujero para que entrara el aire durante un año. Otros lo hacían durante seis meses, pero en una habitación tan reducida que la muchacha tenía que permanecer a la fuerza en posición cuadrúpeda. Eran seres impuros que contaminaban todo lo que tocaban y con los cuales no se podía tener relación durante las primeras reglas. En Polinesia eran tratadas como los asesinos y condenadas a muerte si tocaban los objetos de los hombres o andaban por los mismos parajes que ellos. En Uganda destruyen la vajilla que toca la mujer durante su menstruación. Los campesinos del Líbano creen que las mujeres menstruantes son la causa de muchas desgracias, que su sombra pudre las flores y que si van a caballo el animal puede morir. Los indios del Orinoco estaban seguros de que moría todo lo que pisaba la menstruante.

Desde tierras de esquimales hasta parajes africanos, las mujeres menstruantes han sido consideradas como «peligrosas e impuras». Y apartadas, obligadas a la más dura de las soledades. Contaminaban los peces si pertenecían a un pueblo pescador, los árboles, la lluvia o el sol si eran recolectores, los animales si eran pastores. En la enciclopedia más antigua, la *Historia Natural*, de Plinio el Viejo, ya en nuestra Era, se dice que una mujer con la regla hace caer prematuramente la fruta de los árboles, nubla los espejos, oxida el hierro, hace abortar a las yeguas... ¿No tiene eso relación directa con lo que nos contaban a nosotras de que se nos cortaría la mayonesa o de que se nos estropearían las flores si las regábamos teniendo la regla? Todavía hoy, en pueblos de Castilla, las mujeres menstruantes son apartadas el día que se mata el cerdo. Subsiste la angustia y el miedo ante lo que Frazer ha llamado «el aspecto misterioso de la naturaleza femenina». El insigne antropólogo se dejó llevar, no sé si poéticamente, por los mismos tópicos.

Pero estos tabúes no nos llegan a nosotros como rémoras de las primitivas religiones anteriores al judaísmo. La Biblia lo dejó bien claro: «Cuando una mujer tenga la menstruación, se deslice sangre de su cuerpo, se quedará completamente sola durante siete días, y todo el que la toque quedará impuro, y todo mueble donde se siente quedará impuro [...]. Si un hombre yace con ella, su menstruación lo contaminará, y quedará impuro durante siete días, y cualquier lecho donde yazca será impuro».[10] He aquí cómo se entrelazan los tabúes en todas las religiones conocidas. De los temores primitivos ante la naturaleza, ante el «misterio» de la biología surgía la noción de pureza-impureza, el sentimiento de culpa y, en última instancia, el peso del «pecado». Ahora nos tendríamos que preguntar si el conocimiento científico nos ha ayudado realmente a descorrer el telón de esos tabúes, a desvelar el «misterio» de nuestra «naturaleza femenina». Si nos dejan llegar a la ciencia o si todavía está sacralizada, como si fuera magia, para que sea cosa de unos cuantos sacerdotes. Los neófitos, como siempre, iremos rechazando los viejos mitos gracias a la razón, pero permanecerán casi inmutables en nuestro inconsciente.

Por haber recibido una educación casi liberal no me ha importado bañarme en el mar o lavarme la cabeza. Pero el inconsciente colectivo ha pesado en mí en el momento de hacer el amor. Creí durante mucho tiempo que *no debía* hacerlo. Las palabras del Levítico todavía pesan, duras y graves. Y no sé si las hemos desterrado del todo cuando, viviendo en grandes ciudades y decayendo el siglo veinte, nos sentimos deprimidas, tristes, cansadas, con el cuerpo molido o, simplemente, de mal humor el día que tenemos el período. Histéricas y asqueadas. Para mí, durante mucho tiempo, hacer el amor con la menstruación era una «suciedad». La regla es también muy a menudo nuestra coartada: nos permite no trabajar con tanto brío en faenas que a menudo nos disgustan. Muchas mujeres dicen a sus maridos que tienen un «desarreglo de ovarios» permanente y así no tienen que forzarse a hacer el amor, cuando les angustia la sexualidad del macho.

El tabú no nos ha dejado asumir la menstruación como un hecho libre de nuestro cuerpo. En aquellas sociedades donde el tabú de la menstruación no existía, las mujeres no sufrían trastornos físicos de ninguna clase y sus relaciones eróticas eran perfectamente libres, según nos cuentan antropólogos como Margaret Mead. En la Prehistoria, muchas mujeres no llegaban a la menopausia. Morían mucho antes, después de haber alumbrado criaturas que, o bien nacían muertas o bien la mayoría morían a los pocos años. Según biólogos y prehistoriadores, la mujer era fecundada desde las primeras reglas, tenía los hijos muy seguidos y les daba de mamar durante un largo tiempo. Así, la mujer no ovulaba y, por lo tanto, no menstruaba. La lucha por la supervivencia de la especie era entonces durísima, casi titánica. La vida de esas mujeres era cortísima y dirigida solo hacia un fin: sobrevivir. La menstruación, según parece, debía de ser un accidente quizá funesto, excepcional. Algunos biólogos actuales se preguntan si no será la situación actual una anomalía. Y han estado tentados de preconizar los tratamientos hormonales que suprimen las reglas, a menudo juzgados «contra natura».[11]

Si la regla era excepcional, ¿no era lógico que con el tiempo, en plena prehistoria científica, se la tratara como un hecho anormal, mágico? Quizá nacieron así los tabúes contra las menstruaciones y las leyendas contra su poder maléfico y contaminador. Si para nosotras, una vez satisfecho el deseo de la maternidad, o sin haberlo sentido nunca, se convierte en una molestia, en un despojo, ¿no sería mejor suprimir las reglas? ¿En qué nos alejaríamos de las mujeres primitivas? ¿Quién marca las leyes «contra natura»? Los jueces. ¿Qué pasaría si los científicos tuvieran la regla? Creo que se apresurarían a eliminarla de la misma manera que si Karl Marx hubiera tenido el período habría incluido este aspecto de improductividad en *El Capital*...

Teresa C., una amiga mía del Instituto, me dijo cuando las dos teníamos catorce años: «¿No lo sabes? Los hombres también tienen la regla, pero la suya es blanca». Supongo que las adolescentes de hoy se reirían de esa frase, pero entonces para nosotras la blancura era símbolo de pureza. Lirios blancos, nubes blancas, el Cordero Divino... El hombre, en mis pensamientos, tenía una regla «pura». Blanca. La mía era roja, roja como el diablo en el infierno. No roja como la sangre, símbolo de heroísmo. Sino la misma sangre, sin símbolos. No la sangre buena y benefactora que servía de antaño para fecundar la tierra, o la que los campesinos de Calabria y Salamanca ofrecen cada año a la Virgen María después de restregarse las piernas con vidrios siguiendo un rito ancestral. No la sangre que envuelve al niño después de nacer ni la que brota del cuerpo después de la inmolación. Mi sangre era signo de vergüenza. La misma que han sentido tantas mujeres al lavar sus paños en lejía o ahora al desechar compresas. La que siento yo cuando el flujo es más fuerte y mancho las sábanas... Una mancha de mi sangre no es lo mismo que una mancha de «su» esperma. De las oscuras y solitarias noches él deja rastros de placer. Yo, suciedad, impureza. Lo mío es inutilidad y dolor. Lo suyo es gozo, posibilidad de procreación si entra en mi cuerpo. Yo soy la «vasija» humana. Mi regla es la nada. Esto es lo que clama mi inconsciente. Ahora, cuando mi escala de valores se ha trastornado, miro con cierta ternura todos los símbolos rojos, como las banderas, como el mismo infierno. Lo blanco es símbolo de menarquia triunfante, represiva, es la bandera de los monarcas que quisieron aplastar a los primeros rebeldes durante la Revolución Francesa... Lo blanco es sinónimo de pus, lo rojo de valentía, dijo Miguel de Unamuno al principio de nuestra guerra... Pero todo eso son elucubraciones disparatadas y divertidas que hago ahora y que no se me hubieran ocurrido ni por azar en mi adolescencia.

Al pensar en la regla blanca de los hombres como algo positivo, no hacía más que recoger toda la tradición médico-mágica que ha considerado, durante siglos, el semen masculino como el *liqueur de vie*, como se decía en el siglo XVIII. Plinio, Paracelso, Avicena y tantos otros han hablado del esperma como si se tratara del espíritu de la sangre, con infinititas propiedades curativas. En 1971, el doctor B. C. Faust sentenció: «El esperma es la esencia, la fuerza motriz del hombre».[12] Los antropólogos nos han mostrado cómo en muchos pueblos primitivos la secreción masculina es un signo positivo que fertiliza la tierra. Cuando hay hombres que dicen asustarse ante la pretendida «agresividad» feminista, pienso que no se dan cuenta de que solo ponemos en práctica una enemistad ancestral —escondida bajo la capa de la resignación o de la idealización mutua—, enemistad que ha tomado varias formas a través de los signos de los cuerpos. Uno de estos signos es la oposición semen-regla, entre el blanco de la pureza y el rojo de la corrupción.

Tabúes ayer, leyes hoy. Cuando los hombres y las mujeres vivían de la caza y de la pesca, los primeros pasaban largas temporadas en las montañas, en los bosques o cerca de los ríos, y las segundas en las cabañas o las cuevas cuidando los hijos y la casa. Los hombres, que no tenían que estar sujetos ni a embarazos o lactancias, procuraban el sustento de la especie luchando por dominar la Naturaleza. Las mujeres lo hacían desde el poblado. Ningún lugar, ni la montaña o el río, la casa o la caverna, debía ser considerado más importante. Engels así lo escribió en *Los orígenes de la familia*. Todos eran dueños de su domicilio específico: el hombre del bosque y la mujer de la casa. Cada cual era propietario de los instrumentos que fabrica y usa: el hombre, de las armas, de las herramientas de caza y pesca. La mujer, de los enseres domésticos. ¿Qué ha pasado para que, en esa primitiva, racional y necesaria división del trabajo, surgiera una ideología que mantuviera y reprodujera la supremacía del macho?

Engels lo explica a partir del nacimiento de la propiedad privada, cuando el excedente de producción hace posible la explotación de unos seres humanos por otros. La mujer se beneficiaba también de ese excedente, pero no participaba de la propiedad. Los trabajos domésticos de la mujer no tenían importancia frente al trabajo productivo del hombre: el trabajo de este lo era todo. El de ella una cosa sin valor. Así, desde que el hogar doméstico perdió su carácter público, la mujer se convirtió en una «criada principal», por decirlo en términos hegelianos, y tanto cuidar de la casa como a los niños en la infancia se convertía en un asunto desprestigiado. «¿Por qué toda actividad específicamente viril es, al mismo tiempo, prestigiosa? ¿Por qué toda actividad específicamente femenina es sinónimo de ingrata?» Se pregunta Annie Leclerc en *Parole de femme*.[13] También sería interesante preguntar algo así a los obreros de una fábrica de La Llagosta, cerca de Barcelona, que hicieron una huelga durante el verano de 1977. Una de sus pancartas decía: «Cobramos menos que una nodriza». Para esos trabajadores, solidarios en su consciencia de clase, el trabajo de una nodriza-mujer era menos que nada. Y cobrar menos que una mujer que se limita a «cuidar niños» era para ellos un insulto.

Para Engels, la mujer solo se liberará como «esclava doméstica» el día en que el sexo femenino entre de pleno en la industria pública y que, a su vez, sea suprimida la familia individual como unidad económica de la sociedad. Engels, quizá idealizándolo algo, escribió que el día en que desaparezcan el modo de producción capitalista y las condiciones de propiedad creadas por ella, el matrimonio se realizará sobre la base de la inclinación recíproca. Desaparecerá, así, la preponderancia del hombre y la indisolubilidad del matrimonio, pero no necesariamente la monogamia. Engels valorizaba el amor por encima de los intereses económicos. Había dado, ciertamente, un gran paso hacia adelante. Pero, todavía no podía hacerlo, se había olvidado de que el inconsciente humano puede perdurar hasta mucho después de una revolución social. Mao Tsé-tung dijo a André Malraux que «liberar a la mujer no es fabricar lavadoras» y que debían desaparecer de China el pensamiento, la cultura y las costumbres que habían cimentado la opresión secular de la mujer. La actitud de los chinos revolucionarios ante las mujeres todavía no había cambiado profunda e irrevocablemente.[14]

La sociedad patriarcal es mucho más antigua, por supuesto, que el capitalismo y hay que saber *por qué* la mujer, en todos los terrenos, ha sido considerada un ser inferior. Por qué tantos y tantos filósofos han propagado la idea de que la mujer está a medio camino entre los hombres y los animales. Las religiones, las leyes, las costumbres, la cultura, etcétera, han sido causa y efecto del miedo, de la angustia del hombre ante el «poder» de la biología femenina, del poder materno de la mujer. Quizá parte de la historia del hombre por dominar la Naturaleza no es más que un arduo y victorioso esfuerzo para sublimarse a sí mismo al sentirse «inferior» biológicamente.

Hoy día, los biólogos afirman sin ambages que el modelo de base es el sexo femenino. Que el macho es mucho más vulnerable a la enfermedad, que el hombre muere antes que la mujer. Pero si la Naturaleza necesita los dos sexos para multiplicar la posibilidad de nuevas combinaciones y enriquecer así el patrimonio genético, ¿por qué el hombre ha querido «ser mujer» en el plano biológico? Existen muchas creencias ancestrales que dicen que el hombre, en un principio, también podía parir. De ahí el mito de Zeus procreando a Atenea, la historia de Calígula o, todavía contemporáneo a nosotras, el rito de la *couvade* entre los indios colombianos: mientras la mujer está pariendo sola, en un rincón de la choza, el hombre gime y se retuerce de dolor públicamente como si sufriera los dolores del parto. Desde que la historia ha sido escrita, parece como si el hombre se haya obstinado en demostrarse a sí mismo la «inferioridad» de la mujer. En la creación de los mitos, en la propagación de los tabúes, en la institucionalización de las leyes, en el refugio solitario de la literatura y del arte, el hombre, muerto de miedo, no ha hecho más que intentar definir a la mujer y apropiarse simbólicamente del «poder» de la biología femenina.

Miremos las leyes de nuestro país que, en el momento de redactar estas notas, todavía tienen vigencia: las muchachas pueden casarse a los doce años, considerada edad núbil, pero no pueden vivir con un hombre hasta los veintiuno. Si elige vivir con un hombre antes de esa edad, se considera que la chica ha sido raptada, pues parece ser que no tiene «voluntad propia» para escoger. Las mujeres no son propietarias de su cuerpo, este pertenece o al padre o al marido. Así, las llamadas «adúlteras» han ido a la cárcel si el marido, y no el juez, lo ha querido. Las hijas que abortan son propiedad del padre y de los hermanos varones de la muchacha si esta aborta o es obligada a abortar, pues la ley lo admite incluso en el caso de que el aborto se practique sin el consentimiento de la interesada. También en caso de infanticidio, las leyes consideran prioritaria la defensa de la honra antes que la de la vida... Las mujeres casadas no tienen «honra» que defender, por lo tanto no hay atenuante que valga: su pecado es mayor. Al abortar, han tenido en cuenta solamente el producto-hijo, producto controlado por los hombres que se han fabricado sus propias leyes para defenderse.

En plena regresión franquista, cuando descendimos después de 1939 a las cavernas, surgió un agravante tipificado en el código como «desprecio de sexo», que demuestra cómo se ha codificado socialmente la «inferioridad de la mujer». Es el «agravante de tipo caballeresco, fundado en la delicadeza y debilidad de la mujer, que aspira a amparar a esta y asegurarle las debidas consideraciones».

La «caballerosidad», en cuestión del sexo, es una violación de guante blanco.

Y no lo digo yo. El periodista «liberal» Indro Montanelli nos advierte de lo que se nos viene encima si rechazamos la caballerosidad como protección y pretendemos mirar al mundo de cara: «Mujeres, mis queridas mujeres, no le deis más vueltas: una vez eliminadas las "convenciones" del amor (el galanteo, las cartas, las flores, en fin, la caballerosidad), cuando ya todo se reduce al sexo, el paso hacia la violación es muy breve y casi automático [...]».[15]

Indro Montanelli nos advierte adecuadamente del monstruo, según parece, que todo varón lleva dentro. La caballerosidad, la galantería, las «convenciones del amor», son la autorrepresión que los hombres ejercen sobre sí mismos para no dar rienda suelta a sus ansias de violación. Renunciar a estos artificios es quedarnos desvalidas. ¿Por qué no agradecérselo? Indro Montanelli está azorado ante el desagradecimiento de las «mujeres-feministas». Si no hay caballeros, hay violadores. No hay otra disyuntiva. Y las «verdaderas mujeres» sabrán comprenderlo el día en que las desaforadas y agresivas feministas dejen de gritar.

Las mujeres todavía no sabemos lo que somos realmente. A pesar de la abundante literatura feminista que ha invadido el mercado en esos últimos diez años. El hombre, orgulloso de su progreso, de su cultura, dice: «La mujer es naturaleza». Pero ¿qué queda de esta naturaleza en nosotras, mujeres de ciudad la gran mayoría, de pechos pequeños por no haber amamantado nunca y de caderas estrechas? ¿Empezamos ya a derruir el universo concentracionario mítico, mágico, acientífico, legal y cultural que ha «creado» nuestro cuerpo?

Si es así, realmente se está iniciando una nueva era en que, todavía a base de balbuceos, retrocesos, incertidumbres y sometidas a nuestro fatídico complejo de culpa, las mujeres vamos a tomar la palabra.

La contracepción

El mundo del Islam y el cristiano, en la Edad Media, sometieron todavía más que en la Antigüedad el cuerpo de la mujer. Asistir a un parto era una profesión sucia. No hacía falta ningún conocimiento para asistir a un parto, que era cosa de mujeres, una cuestión menor. Los descubrimientos realizados en el mundo clásico, el griego y el romano, fueron barridos por la civilización cristiana. En la Edad Media no se practicó la cesárea, conocida en Egipto, y los Padres de la Iglesia sentían, respecto al parto, lo mismo que frente a la mujer: que se trataba de la encarnación del diablo. Se prohibió a los hombres presenciar los partos y se exhortó a las comadronas a que su preocupación principal no fuera la atención y bienestar de la madre, sino el bautismo de la criatura *in utero*, con una jeringa de agua bendita si era necesario.[16]

La Iglesia prohibía la disección de cadáveres retrasando de ese modo los estudios de anatomía durante siglos e ignorando sistemáticamente la composición de los órganos reproductores de la mujer. La figura del cirujano ha sido considerada durante muchos siglos similar a la del barbero o el «castrador de puercas». Estaba prohibido poner las manos encima de un enfermo. Solo lo hacían las comadronas, que ignoraban muchos conocimientos pero tenían una experiencia ancestral, y los curanderos y las brujas. Estos salvaron muchas vidas durante el tiempo en que la práctica de la Medicina se reducía a un cenáculo elitista y casi teológico.

Muchas comadronas fueron quemadas como brujas durante la Edad Media e incluso después. En 1591 Agnes Simpson murió en la hoguera por haber intentado aliviar con calmantes los dolores de una parturienta. Durante siglos, la Ciencia ha sido excluida de los aposentos en donde parían las mujeres. Estas, casi indefensas, han muerto a millares por no practicarse técnicas que se llevaban a cabo en la época del griego Hipócrates, en el siglo V antes de Jesucristo. Tenían que ser pasivas y aceptar con valentía la maldición bíblica. En las famosas escuelas de medicina medievales, en París, Padua o Montpellier, no se hablaba nunca de obstetricia, pues era un área prohibida «por las buenas costumbres, la religión y el respeto humano».[17]

La prohibición duró hasta muy tarde y fue lo bastante seria para que en 1521 un médico de Hamburgo fuese quemado como una bruja por haberse atrevido a dirigir un nacimiento difícil disfrazado de comadrona. La Iglesia estaba convencida de que la madre era solo una vasija en donde habitaba el nuevo ser. Si el nacimiento peligraba, se tenía que salvar a la criatura abriendo el útero de aquella. Lo que Hipócrates y sus discípulos practicaron más de mil quinientos años antes, lo que incluso conocieron y utilizaron los egipcios durante el parto, como la técnica de salvar el recién nacido a través de la versión podálica, que consiste en dar la vuelta a la criatura que desciende mal, fue olvidado durante siglos por cuestión de respeto humano. Hasta 1500 no se volvió a practicar la cesárea y no fue un médico sino un castrador de puercas el que la restauró.[18] Durante miles de años, las parturientas han sido sometidas a suplicios atroces. Millones de mujeres han expirado ante leyes absurdas, decretadas por hombres de la Iglesia, depositarios de la moral y el dogma. Un crimen que todavía hoy, en nuestro país puede aparecer bajo el prisma de la respetabilidad.

Aún se pare con dolor, suavizando el parto y presentándolo como natural. Modernas místicas renacen una y otra vez y endulzan este momento supremo a base de no recibir ningún calmante. En los grandes hospitales se practica el parto natural —que nunca lo es, dada nuestra constitución— y las jóvenes mujeres creen que así son mejores madres. La participación de la mujer en su propio parto aún es insuficiente: no está muy lejos de la mujer-pasiva aristotélica, del templo cristiano. Pero ahora la ciencia puede jugar una mala pasada a los sabios que han inventado nuestro cuerpo, a los filósofos que han dividido el mundo entre idea y materia, entre hombre y mujer, entre el papel activo y el pasivo, a los que nos han escondido nuestros órganos de reproducción, a los Padres de la Iglesia que han asesinado nuestro sexo impunemente haciendo creer que no somos más que un habitáculo.

Hay que tener todos los elementos para que nuestro cuerpo sea realmente «nuestro». No el cuerpo inventado por los curas, los médicos, los jueces y los filósofos. Ni el de algunos científicos que esconden algunas cartas de la baraja. Se me podrá objetar que esto precisamente es lo que está pasando a propósito del tema de la contracepción. Algunas mujeres opinan que la contracepción ha sido inventada por los hombres para controlarnos una vez más. Esto es en parte cierto. Es cierto que si la contracepción masculina no ha adelantado más, o no se ha hecho más propaganda de ella, es porque la mayoría de científicos son hombres y también quienes tienen el poder económico y controlan los laboratorios. Un eslogan de las italianas feministas dice: «Si los hombres se quedaran preñados, el aborto sería un sacramento». Como todo descubrimiento científico, la contracepción tiene una doble cara. Depende del uso que se haga de ella. Puede servir para esterilizar a las mujeres puertorriqueñas, para controlar la demografía del Tercer Mundo, ya que así conviene a los grandes monopolios y a las multinacionales. Muchas veces se ha hecho propaganda del aborto por «razones de Estado», en ocasiones de guerra. En Esparta y en nuestros tiempos. La famosa ley eugénica de la Generalitat de Catalunya fue firmada por tres hombres y porque beneficiaba el momento especial en que se desarrollaba nuestra guerra. Quizá no se pensó en la mujer, en su libertad. Pero los argumentos también pueden hacerse por el lado contrario: gracias a la ley eugénica, la más progresista y avanzada en la Europa de aquellos tiempos, las mujeres catalanas podían empezar a sustraerse de la fatalidad bíblica.

Se trata de hacer nuestra la contracepción. De popularizar cualquier avance científico-técnico. Que no ocurra lo de siempre: que sea privilegio de los que han dominado el destino a base del poder paralelo del dinero y el prestigio. ¿Es justo, me pregunto, que no se defienda la contracepción cuando hay tantas mujeres condenadas a una vida sin esperanza, dolorosa, vacía, cargadas de hijos, viviendo impotentes y resignadas? ¿No atacarán la contracepción aquellas mujeres de cuerpo joven y sin problemas económicos, marginando a las que viven esclavas de la mística de su biología? El progreso no es ni bueno ni malo. O quizá tiende a ser bueno. Pero puede convertirse en algo absurdo, irremediablemente cruel y peligroso según el uso que se haga de él. El cuerpo humano, del hombre o de la mujer, tiene que dominar la contracepción y no al revés. La contracepción no es neutral: abriendo las puertas de su conocimiento en todos los medios de comunicación se contribuye a romper el cordón umbilical con nuestra madre, la desgraciada Eva.

Inventada como una técnica racional a finales del siglo XIX, la contracepción tiene una importancia considerable para la mujer. Al convertirnos en madres voluntarias y no vocacionales, las mujeres empezamos a mirar la maternidad como una opción entre otras. Como los hombres cuando conscientemente y con alegría optan por la paternidad. Este cambio nos ha de llevar a una transformación importante en la naturaleza humana, tanto física como moralmente. Estamos en los albores del siglo XXI y la defensa hoy de la contracepción significa destruir las leyes, los tabúes, las costumbres, las ideas que nos habían hecho ancestralmente víctimas, débiles y desamparadas. Estamos pensando en nuestras nietas, en nuestras bisnietas. En un futuro socialmente alegre, pues al defender nuestro cuerpo estamos defendiendo nuestro sexo universal, a las mujeres que han de venir. Es una forma de morir menos y de no temer con tanta angustia el futuro nuclear. Desapareciendo el tradicional masoquismo femenino, una no puede menos de soñar en aquellos días en que el umbral será definitivamente traspasado. En que los sollozos de impotencia quedarán atrás y la creación femenina ya será posible desligada del gran útero.

En nuestro país estamos, sin embargo, en la prehistoria de la contracepción. Ha desaparecido el artículo 416 que prohibía la venta, propaganda y difusión de productos contraceptivos. El artículo que ha atenazado a las mujeres bajo el franquismo y el posfranquismo. Pero solo ha desaparecido la represión legal. La moral y la sociedad están intactas. Los contraceptivos no son todavía gratuitos, no van a tomarlos todas las mujeres sin exclusión. Por otra parte, ¿qué tipo de información se va a hacer de ellos? ¿Saldrán, por ejemplo, en la televisión sin manipulaciones, con una amplia y rigurosa información? ¿Sin presiones morales de ninguna clase? ¿Se hablará de ellos en todas las escuelas, las privadas y estatales? ¿En las de ámbito religioso? ¿Tendrán acceso a los contraceptivos las muchachas menores de edad? Solo los médicos que no tengan complejo ni de cura ni de padre se atreverán a recetarlos a las chicas que tienen edad para ir a trabajar y para ser violadas en cualquier esquina pero no para hacer el amor con quien les venga en gana.

¿Habrá centros de propaganda y difusión en todos los barrios? ¿Tendrán los ginecólogos, feministas, sociólogos, sexólogos, psicólogos, pedagogos, etc., suficientes medios para contrarrestar la ignorancia, los ataques oscurantistas que van a resurgir por doquier, los prejuicios machistas enraizadísimos, las reminiscencias de antiguos tabúes? ¿Podrán explicar con suficiente libertad, y en igualdad de condiciones económicas que las revistas pornográficas, qué es nuestro cuerpo para destruir de una vez y para siempre el sentimiento de culpa femenino, el de la mujer que se cree «viciosa» porque siente placer y hace el amor desligándose de toda finalidad reproductiva? ¿Habrá manera de ridiculizar el machismo de tantos y tantos maridos que se oponen a la píldora solo porque esta se ha convertido en la llave que abre nuestra cerradura? ¿De tantos maridos, sometidos ellos también a tabúes ancestrales, que temen, sin atreverse a confesarlo, que la píldora contraceptiva pueda ser causa de impotencia masculina? Han llegado antes los *Sex-shops* a España que los centros de información sexual para las clases populares. Los prejuicios son difíciles de desterrar cuando hay intelectuales machos que prefieren hablar antes de los amores de un perro con una señora, porque hay más sensacionalismo, que informar sobre las auténticas y alcanzables posibilidades de placer. Intelectuales como el novelista americano Norman Mailer, que llegó a decir que la contracepción era una abominación y que antes que los anticonceptivos «preferiría ver a los malditos comunistas en su casa». Las reacciones, sin embargo, serán más violentas en aquellos sectores que todavía ejercen una gran influencia en las mentes humanas: en la Iglesia, en las costumbres de convivencia social. La contracepción tardará en dejar de ser privilegio de unas cuantas mujeres porque es un avance realmente subversivo. Al lado de la pornografía, la contracepción sí que es revolucionaria y es la base para que el amor, gracias a convertirse en un gran juego improductivo e inútil, se convierta en el primer eslabón para la fiesta de la liberación.

La contracepción, si el aborto no se legaliza, es una técnica a medias. Todavía no existe el método perfecto y seguro para no tener hijos que no se desean. Es cierto que el máximo de información y difusión y la eliminación de los complejos elimina en gran parte el peligro a quedarse embarazada. Pero todavía se está sujeta, de alguna manera, al destino femenino. A ninguna mujer le gusta abortar. Sin embargo, según el fiscal del Tribunal Supremo se llevan a cabo cien mil abortos clandestinos en el Estado español. Se dirá que esas cifras son negras y difíciles de comprobar. Pero en Inglaterra, a plena luz, diez mil españolas pasaron en 1977 por sus clínicas.

El aborto, presentado hoy en nuestro país como un terrible «asesinato», provoca en muchas mujeres que han abortado un sentimiento de culpa difícil de borrar. Conozco a una chica que, después de haber estado en Inglaterra para abortar, no ha superado el trauma y ha tenido durante un año el vientre hinchado como si fuera a parir. La ley española condena el aborto como un grave delito. Lo condenan los mismos que, en el Parlamento, votaron en contra de la pena de muerte. La hipocresía ronda los lindes del absurdo cuando se trata de salvar el «honor» antes que lo que ellos creen que es vida humana: el feto. Tendríamos que escribir un amplio tratado sobre lo que nuestras leyes califican de «honra» cuando no se pregunta nunca a la futura madre qué es lo que va a hacer con su cuerpo.

Los que cincelaron nuestra moral cotidiana después de la guerra escribían lo siguiente sobre el aborto: «Es pecado manifiesto de rebeldía contra Dios, pues quien lo comete, hace suyo uno de los derechos privativos de la divinidad: el de dar fin a las horas de los seres cuando lo juzga pertinente [...], es pisotear uno de sus divinos mandamientos: "no matarás", tras haberse encenagado, bestializado hasta el límite, por incumplimiento de otro: "No fornicarás"; es enfrentarse contra Dios en un reto impío».[19] ¿Qué es lo que preocupaba más entonces, el haber «asesinado» una presunta vida humana o el desafío a Dios, el fornicar, el querer ser dueñas de nuestro destino? Quien esto escribía a finales de los cuarenta no debía de hacer oír su voz ante los fusilamientos o las profundas desigualdades entre los seres humanos: lo único que le debía inquietar es esa posible libertad que la mujer se toma con su cuerpo.

No hay que obligar a nadie a abortar si sus convicciones no se lo consienten. Pero tampoco hay que obligar a ninguna mujer a ser madre si ella no lo desea. En Francia, donde se ha legalizado el aborto hace apenas unos años, los médicos pueden negarse a abortar si su moral no se lo permite. Una vez más se confirma que la Ciencia no es neutral. ¿Por qué los médicos tienen que decidir sobre otro cuerpo humano? En España, los abortos clandestinos se hacen en pésimas condiciones profilácticas. En 1977 murieron dos muchachas. El aborto no está permitido ni «en peligro de la vida de la madre», «malformación del feto» o en caso de «violación». El tres de julio de 1977, fallecía en Barcelona una mujer diabética en la residencia Francisco Franco de Barcelona. El tocólogo se negó a practicar el aborto terapéutico por estar *por principio* prohibido en el centro. Murieron la madre y el niño.

Se acusa a las mujeres de abortar mientras los gases de Seveso hacen que nazcan niños deformes. La moral cristiana, con las leyes de su parte, encierra a las mujeres en la cárcel mientras permite que se fabriquen gases venenosos. «¿No es justo que el Señor castigue el pecado de las madres que consienten en dar muerte a los hijos que laten en su seno?»,[20] escribía la presidenta de la Acción Católica. Su idea de la convivencia humana no difería demasiado de los castigos que se infligía a las abortadoras de la tribu Ba Pedi: según el hechicero, cuando una mujer abortaba, los vientos abrasadores soplaban y resecaban el país con su calor, la lluvia ya no caía y había que castigar a la mujer.

Jueces y sacerdotes ignoran qué significa tener a un hijo no deseado. La psicóloga Cristina Obiols contaba en *Vindicación* de qué manera muchas mujeres cargan la agresividad contenida sobre sus hijos y la relación sexual es vivida con angustia ante la posibilidad de embarazo. La gran mayoría de mujeres con síndrome depresivo o neurosis de angustia están operadas de ovarios, matriz, o presentan una patología genital. Síndromes que no son siempre fisiológicos, sino la expresión del rechazo inconsciente de una nueva maternidad. Dice una mujer con neurosis de angustia: «Me encantan los niños, pero no soporto a los míos». Y otra que ha intentado suicidarse varias veces: «Desde el primer hijo me he quedado mal de abajo. Quiero que me saquen los ovarios para no tener más».

Según la doctora Villatoro, «el sentimiento de culpa, el remordimiento y la depresión posaborto varían de forma espectacular [...] y se llega a la conclusión de que el aborto provocado en sí no conlleva complicaciones psicológicas, y que estas son debidas a los condicionamientos socioculturales, es decir, son debidas a causas externas al aborto provocado. Por tanto, las condiciones ambientales que hacen que el aborto sea ilegal, son también las responsables de las mayores complicaciones psicológicas de este tipo de aborto provocado».[21] Solo con la difusión, información, de lo que significa realmente la contracepción, en todas partes, en las escuelas y en los hospitales, en las casas y en los barrios, en todos los medios de comunicación, desdramatizándola y confiando en la madurez de la mujer, será posible el inicio de nuestra liberación sexual. Liberación que no tiene nada que ver con la pornografía.

Se me dirá que he hablado solo de la mujer y que he situado al hombre, en cuanto a sexo, en el otro lado del espejo, como un enemigo. Durante siglos, los sexos hemos vivido escindidos y nos hemos vigilado el uno al otro como los domadores acechan a sus fieras acorraladas. Las mujeres no hemos inventado el conflicto. Y tampoco los hombres como individuos. En la lucha constante para vencer la naturaleza, uno de los dos sexos tenía que vencer y hacerla suya. Ganó el más fuerte e hizo suya la ley y a su Dios. Él fue el patriarca. Creo que la conciencia de esta escisión es necesaria a las mujeres para entablar, quizá por primera vez, un diálogo enriquecedor entre dos partes auténticamente libres.

He hablado de nuestro cuerpo porque es necesario sacarlo de entre los escombros de la falocracia. Porque es necesario amarlo después de haberlo conocido, hecho nuestro. Luego seremos más capaces de aceptar el pene en su justo lugar. Este miembro que también es capaz de darnos placer, como una cosa más. Como nos lo da «su» boca, «sus» manos, «sus» muslos, «su» espalda. Porque amamos al hombre entero, en toda su complejidad y sencillez. Porque lo amamos tal cual es, quizá somos incapaces de colocarlo en el altar de la santidad o de la pornografía. Para nosotras, no es ni ángel ni diablo, como hemos sido nosotras para ellos. Liberadas de los tabúes, de nuestros temores, recorreremos la geografía de su cuerpo con la misma ternura y detenimiento que él, desprendido de su «poder», hará con el nuestro.

Los hombres también tendrían que reclamar el derecho a una sexualidad más completa, perfilada. El derecho a pulir sus sentimientos como el joyero cuando cincela una joya. El inconsciente masculino se refleja en las miradas que nos dirigen los machos por la calle cuando nos ven embarazadas: miradas de soslayo, nerviosas, inquietas. En las diatribas que nos lanzan es fácil imaginarse su actitud ante nuestra preñez: o bien esta les debe de recordar el coito o bien sienten instintivamente miedo ante nuestro poder materno. Con una sexualidad primitiva y simple, los hombres también deben ser educados para multiplicar su cuerpo en múltiples efectos amorosos. En esta investigación mutua, el sentimiento humano alcanzaría cotas mucho más altas.

Cuando las mujeres van a parir, en los grandes hospitales y en las clínicas de lujo, los hombres se sienten allí intrusos y casi ridículos. Si el hijo que ha llegado es deseado conscientemente por la pareja, la participación del padre tendría que ser más activa y solidaria. Hay hombres que no desean un hijo porque temen perder la madre que han visto en su mujer. Pero luego hay otros, todavía muy pocos, que desean auténticamente un hijo. A estos hombres, autónomos y solidarios, se les tendría que enseñar a ser *madres*, a desarrollar aquellos sentimientos que la tradición ha mostrado como «femeninos», pero que ellos también pueden ser capaces de sentir. Muchos hombres temen bañar a sus hijos recién nacidos, a acunarlos, a cantarles una canción: temen «desprestigiarse» o perder su «virilidad». Y no se dan cuenta de que aceptando solo la paternidad, la autoridad basada en su poder económico dentro de la familia y en la ley que lo ampara, son bien poca cosa.

Los hombres tienen que reconocer que este no es solo un asunto femenino y que en cada relación amorosa hay que plantearse qué se va a hacer con el propio cuerpo. Después de la necesaria ruptura con el papel que nos han impuesto, después de redescubrir nuestro cuerpo en la soledad, después de empezar a sentir un placer autónomo, después de dejar de ser «vasijas» y de haber profanado para siempre la fatalidad bíblica, cuando cada relación amorosa empiece y acabe en sí misma, sin temer nada a los fantasmas de la reproducción, comenzará la libertad para nuestro universo: para nuestro cuerpo humano. Entonces, solo entonces, podremos iniciar el apasionante y enriquecedor lenguaje con el otro cuerpo.

Un cuerpo por conocer

Sujetas, por desconocimiento, a las depresiones menopáusicas, a las crisis *post-partum*, a las jaquecas de la menstruación, a los histerismos y falsos embarazos que pueden provocar el bloqueo de los ovarios, escindidas entre dos papeles que no nos otorgan la categoría de «personas»: o Madre o Prostituta, con un erotismo que todavía está en las tinieblas del conocimiento, a pesar de los grandes avances, las mujeres estamos todavía en la prehistoria del inmenso potencial que tiene nuestro cuerpo, desarrollado hasta ahora solo en función de la maternidad, tanto física como espiritual. El erotismo todavía no está en nuestras manos y no creo que la pornografía, supervalorada como el nuevo fetichismo, pueda ayudarnos mucho a desarrollar nuestro cuerpo en su totalidad.

Nuestra comunicación con la «naturaleza» ya no es espontánea debido a la civilización y, en cambio, resulta angustiosa y dolorosa. Nos acordamos de nuestro cuerpo cuando la regla nos provoca malestar o cuando la menopausia parece anunciarnos el principio de la decadencia vital. O al parir.

Cuando una mujer se queda embarazada surgen a su alrededor las «voces de la tierra», vecinas, amigas, que, en la tienda, en la peluquería o en la escalera de tu casa, te aconsejan o te profetizan cómo vas a terminar. La suegra, la madre, la abuela y la tía se juntan como en un enjambre de abejas y dan zumbidos a tu alrededor sobre las lunas, los antojos y todas las viejas supersticiones. Aunque se viva en barrios superpoblados, de asfalto y de antenas televisivas, surge el inevitable ronroneo ancestral: las manchas en la cara anuncian si será niño o niña, el amargo gusto en la garganta procede de los pelos de la criatura. Tienes que cerrar las piernas hacia dentro para que no se «escape» el feto. Si tienes un antojo y no lo puedes realizar, tócate en seguida el trasero para que la mancha no le salga al crío en la cara. Este es un universo en que las mujeres, excluidas del «gran» mundo, del trabajo, los proyectos o las ideas, se sienten dueñas y seguras de sí mismas, un mundo donde el hombre resulta un intruso. Aunque en las ciudades las supersticiones quedan semienterradas entre los grandes almacenes, el Metro o el ruido de los tubos de escape, lo cierto es que no creo que haya excesiva diferencia entre la mujer del campo y la mujer de la ciudad que no ha tenido acceso cultural para conocer su propio cuerpo. Mi joven amiga M. llegó a Barcelona desde un pequeño pueblo ampurdanés convencida, como mi abuela, de que los niños salían por el ombligo. Ella, a diferencia de las niñas de mi barrio, niñas de juegos aburridos en el «balcón», de calceta y de rosario nocturno, había visto parir a la puerca de su casa. Pero cuando preguntó a su madre campesina por dónde salían los cerditos, esta le contestó, al mismo tiempo que la alejaba del establo: «Por la boca».

Llega el día «grande», el día que vas a parir, tratada en las clínicas modernas casi como una enferma y en los grandes hospitales como un número. «Aquí no se viene a hacer comedia, se viene a parir», le dijo el médico a mi amiga cuando esta se quejaba. Luego resultó que se había llegado demasiado tarde y a mi amiga se le desgarró la carne de la vulva. El ginecólogo se dio cuenta, se excusó por la negligencia del personal de la clínica, pero no supo disculparse por su frase. Frases así se repiten día tras día ante mujeres que se sienten infinitamente inseguras por desconocer su cuerpo. El quirófano es como la antigua choza del hechicero y el rito empieza en el justo momento en que te hacen abrir de piernas y no te explican por qué. Oyes los cuchicheos del médico y de las enfermeras. A veces estás solo en manos de una comadrona que te hace apretar y apretar y tampoco te explica por qué. «No se ha dilatado.» Te colocan el gota a gota y las horas pasan, densas e interminables. Vas a parir mientras oyes los gritos de una muchacha en la habitación de al lado y no te explican por qué.

Parir, cosa de mujeres, que se hace en las enormes fábricas profilácticas, como un número más. No tienes ganas de hacer comedia, sino de que te expliquen de dónde viene el dolor. Parir entre una hilera de mujeres que esperan turno, odiando al hombre que te ha fecundado, al hombre que las puertas de la asepsia y de la «civilización» han alejado de ti. Te tratan como «naturaleza» y en el momento en que tu cuerpo está más cercano a ella te rodean de aparatos y de frases sin terminar, de palabras científicas que no entiendes, te convencen de que eres una enferma, de que tu responsabilidad es nimia en esa historia en la que tendrás que ser protagonista. Es en ese punto donde, hoy, todas las mujeres, del campo o de la ciudad, se parecen: hemos llegado al perfecto paradigma de la ignorancia de la maternidad.

A pesar de ello, las mujeres amamos a nuestro cuerpo cuando somos madres. Antes y después vuelve el odio o el desconcierto porque nuestro modelo ha sido un cuerpo femenino que no nos pertenece: idealizado o despreciado. Los poetas románticos, hijos del auge de la burguesía, convirtieron a la mujer en una exposición floral andante. Éramos lirios, tierra, alhelíes o rosas salvajes. El cantante Raimon dice en una de sus canciones dedicadas a la amada: «Trabajaré tu cuerpo como el que trabaja la tierra». Los poetas se han confabulado con los viejos mitos y nos sueñan semilla, fuente, raíces. «Esperabas una fuente y has encontrado un río», confirma la poetisa finlandesa en lengua sueca Edith Södergran. Hemos sido la tierra regada por la lluvia-semen del hombre.

Nuestro cuerpo ha sido tan idealizado como el cadáver pálido y etéreo de la *Ofelia* del pintor inglés Everett Millais. Entre amapolas, violetas y margaritas desciende por el río la mujer muerta, ya no es cuerpo sino mármol, espíritu. Un aliento: he ahí la mujer soñada por los poetas románticos y posrománticos. Contra este cuerpo se levantan los autores del siglo XX: nos quieren devolver la sangre, la fuerza, la vida. Este impulso que quizá nació como subversión se está convirtiendo hoy, por obra y gracia de los mercaderes, en el gran negocio de la pornografía.

El desafío a la moral burguesa lo han hecho ellos, quizá porque esta ya no es necesaria para mantener el sistema que basó en el puritanismo y la hipocresía sus leyes internas de poder. El miedo al cuerpo subsiste: antes lo escondían, ahora enseñan el de la mujer o el de algunos hombres. No enseñan el cuerpo «real», el nuestro, el de todos. Los viejos tabúes yacen en los *Sex-shops* y en las revistas. También estos subsisten por razones económicas, las mismas razones que llevaban al burgués a crear las leyes para perpetuar su patrimonio. El miedo a la Naturaleza pervive en este constante desafío. Como escribe Benoîte Groult: «Bajo sus teorías seudorrevolucionarias y seudomodernas, están perpetuando fielmente la vieja maldición del pecado original y todas las supersticiones y tabúes que ellos pretenden destruir».[22]

Hay muchas mujeres que odian a su cuerpo y, de rechazo,

nuestra biología. Mujeres que no quieren ni oír hablar de un parto, de un embarazo. Que se marean al oír hablar de ovarios o de matriz. Hay mujeres que, creyéndose «liberadas», se trastornan y son incapaces de hablar de esos temas con objetividad. Otras que creen haber superado la biología a base de olvidarla. Que han renunciado a los hijos por disfraces culturales, cayendo en la trampa tendida, la que nos obliga constantemente a elegir entre ser «mujer» y ser «persona». Mujeres-machos que han querido entrar en el mundo por la puerta grande imitando a los hombres en todo, insolidarizándose con su sexo, imponiéndose en el trabajo a base de la fuerza, como aquellas comadronas que desprecian a la pobre parturienta que tiene miedo a parir. ¿No odian, esas mujeres, a su propio cuerpo? ¿No habremos caído en el cepo tendido por el machismo, en esta dialéctica continua de asco-fascinación emplazada por el hombre al tener miedo de nuestra riqueza biológica? ¿Por qué no amar a nuestro cuerpo tal como lo tenemos en cada momento de nuestra vida, ya que está en él, como un recuerdo, cada momento de la biología?

¿Por qué no aceptar la madurez que me ofrece mi cuerpo? La menopausia puede ser un momento tan maravilloso, o más, como el de mis primeras reglas. «Vivir es felicidad. Ver y sentir la sangre tierna y cálida que se desliza por ella misma, de la fuente, una vez por mes, es felicidad. Ser vagina, ojo abierto en las fermentaciones nocturnas de la vida, oído atento a las pulsaciones, a las vibraciones del magma originario [...]. Ser vagina es felicidad. Estar preñada, ser ciudadela, cerrada con elevación y rotundidad sobre la vida que respira y se dilata dentro nuestro es felicidad...», ha escrito Annie Leclerc.[23] Frente a la decepción de Henry Miller al observar nuestra raja, las mujeres, por primera vez desde que la cultura es escrita, estamos hablando de nuestro cuerpo sin asco, ni piedad ni resignación. Lo estamos tocando, oliendo, haciéndolo nuestro. Por ello la poetisa norteamericana Anne Sexton canta a su útero:

Todo en mí es un pájaro;
aleteo con todas mis alas.
Querían cortarte
pero no lo harán.
Dijeron que estabas inconmensurablemente vacía
pero no lo estás.
Dijeron que estabas enferma de muerte
pero se equivocaban.
Cantas como una escolar
no estás hecha pedazos.[24]

Ya no estamos atenazadas por la literatura misógina ni por la caballerosidad que disfraza el miedo o la repugnancia a nuestro sexo. «A la mujer se le ha obstaculizado el ejercicio de su derecho de poseerse como un cuerpo y una mente, ambos juntos y plenamente integrados en la sociedad. Ese cuerpo ha sido arrojado a los gineceos, a los harenes, a los conventos y a las casas de prostitución o, simplemente, a las casas, esas instituciones de la sociedad y el egoísmo.»[25]

Empujadas a la esquizofrenia cuando la falta de poder no era aceptada con resignación, la mayoría de las mujeres han mantenido un permanente diálogo conflictivo con el propio cuerpo. Si durante el día parecía que el olvido vencía a la memoria, por las noches los sueños y las alucinaciones se encargaban de recordarnos nuestros temores. Durante siglos ha parecido que estábamos encerradas en un callejón sin salida. La sabiduría no era para nosotras, ni el conocimiento. Ni el placer.

Después de ver cómo tu cuerpo vivía como las plantas, los árboles, los animales, de verlo sin reconocerlo, sin disfrutarlo, llegaba el fin de la vida con la evidencia de la vejez. Tu fin era parecerte a la bruja de los cuentos o a la abuela que ronronea sin parar en los lugares más oscuros de la casa. Era difícil morir con una vida llena o pasar la menopausia con otras riquezas que no fueran las encomendadas a tu «destino». Solo conociendo nuestro cuerpo podrá ser vencida esa especie de fatalidad y, aunque parezca una aceptación de la «naturaleza» impuesta, solo a través de nuestro cuerpo entraremos en el mundo. No es una contradicción, no se trata, una vez más, de aceptar nuestro papel, nuestra definición de «tierra» y «naturaleza». Porque los que nos han definido así nos han ocultado las armas para conocernos. La diferencia está en que nosotras vamos a decidir lo que somos, vamos a imponernos. Mirando de frente y no de soslayo, como hemos estado obligadas a hacerlo hasta ahora. En última instancia, si no amas a tu cuerpo tampoco podrás amar el de los demás, mujeres u hombres. La esposa ha amado muchas veces a su esposo por la vía de la resignación o el sufrimiento. O sea, de la castración. «Nunca me lo he pasado bien en el uso del matrimonio. Yo cumplo con mi marido cuando necesita desbravarse. Desde hace tres o cuatro años funcionamos. Él cuando me toca, me excita; pero luego no me satisface. Ahora dejo que se descargue sin que me toque. Tengo mucha pena», explica una mujer de cuarenta y tres años que ha intentado varias veces suicidarse.[26]

Al margen de cualquier coacción, sea psicológica, social, legal, política o estatal, la mujer tiene que sentirse, en primer término, biológicamente libre. Pero no soñando la naturaleza perdida, la naturaleza de las cavernas, porque nuestra biología corresponde a la del siglo XX. Nuestro cuerpo es un cuerpo moderno. Querer retornar al paraíso perdido significaría un nuevo fracaso de nuestro sexo. Quizá nunca como ahora es posible esa libertad, ahora que ya nos vemos capaces de desvincular procreación y placer. Se ha acabado la maldición bíblica. Nuestro cuerpo está también para gozar. Gozar para que no salga otra cosa de este goce que una profunda y auténtica comunicación entre dos cuerpos humanos.

A los quince años descubrí, entre los labios de mi vulva, un pequeño miembro carnoso y vibrátil. Jugué con él un rato. Hasta entonces no me había masturbado, pues me había tomado muy en serio lo que nos decían las monjas: «En la cama, hay que dormirse en seguida con las manos cruzadas sobre el pecho para salvaguardar vuestra pureza». Después del juego me asusté: ¿qué era aquello, un trozo de carne que se había descolgado, algo que salía de «dentro»? ¿Un mal que había que esconder? Me llevaron a la comadrona, una señora madura, de grandes pechos, baja y regordeta, de modales bruscos pero no desagradables. Entonces no se iba todavía al ginecólogo si no era para cosas importantes o bien para el momento supremo, el del parto. La señora de la bata blanca, como una sacerdotisa, hizo abrirme de piernas y me miró «aquello».

Dijo a mi madre que no era nada importante y me recomendó que me lavara. Así descubrí mi clítoris. Hasta mucho después no supe cómo se llamaba este pequeño miembro. Fue cuando un compañero de Universidad, progresista y de «izquierdas», dijo a propósito de una estudiante que sobresalía por su inteligencia y por su agresividad: «Esta tiene el clítoris mal puesto». Master y Johnson, las feministas americanas, los sexólogos como el doctor Gérard Zwang, están recuperando para nuestra memoria este cuerpecillo que hasta ahora había sido condenado, por «innoble», al ostracismo y al repudio.

El clítoris..., este miembro pequeño e «inútil», que nos da placer y que no sirve en absoluto para la reproducción —lo contrario de lo que pasa con el pene masculino—, nuestra centella de libertad.

Ha escrito el doctor Zwang: «El odio al clítoris es casi universal». Y es que ha habido una lenta, silenciosa y obstinada persecución para extinguir el clítoris femenino. Quizá porque era lo más subversivo en lo referente al sexo y, esto, ni el mismo Henry Miller lo ha podido imaginar en sus obras de creación. En nuestra área occidental, la represión contra el clítoris ha sido moral, a base de pensar que no existe. Sumergirlo en un baño espeso y secular de ignorancia. Por eso tantas madres no han sabido de su existencia hasta después de haber tenido muchos hijos. La persecución contra el clítoris en los países árabes y del África negra ha sido más abierta y descarada, como lo es el machismo, porque no tienen la sutileza de los países europeos. Las momias femeninas desenterradas en Egipto tenían el clítoris cortado. Incluso Nefertiti y la misma Cleopatra, la reina del encanto y la seducción. Hoy, miles y miles de muchachas en la edad de la pubertad sufren en esos países la *clitoridectomía*, escisión del clítoris dolorosa y humillante.

El clítoris, como ha escrito Gérard Zwang, es el atributo innoble que permite a las mujeres gozar con cualquier hombre, sea el propio o no, o solas, por safismo o masturbación. El clítoris representa, para los fanáticos del Islam o los animistas africanos, el principio de libertad. Para las mujeres es la pequeña y amada bandera de nuestra autonomía. Hemos superado, casi, el miedo a hablar de nuestros órganos de reproducción. Como Anne Sexton, cantamos a nuestro útero y, como Annie Leclerc, hablamos de nuestros ovarios, de nuestra matriz, de las menstruaciones y de la preñez casi con alegría y sin dramatización. Pero todavía dudamos en enseñar a nuestro amante, amigo o compañero este pequeño órgano que ha sido destruido o ignorado. En las escuelas se empieza a hablar del placer y de los órganos genitales, pero siempre, velada y presente, está la idea de la reproducción. Me gustaría saber si en las escuelas, incluso en las más avanzadas, existe el clítoris en las clases de anatomía. Si los maestros hablan de él a sus alumnas y alumnos adolescentes.

«Un ser no se considera como autónomo hasta que es dueño de sí mismo, y no es dueño de sí mismo hasta que se debe a sí mismo su propia existencia», escribió Karl Marx en sus manuscritos de 1844. La autonomía de la mujer empieza en el momento en que es dueña de su propio cuerpo. Será dueña de sí misma en el momento en que su sexo le pertenezca por entero, sin leyes restrictivas, ni tabúes, ni ciencias falsificadas. El día en que vincule su cuerpo a las necesidades que ella escoja. El hombre también saldría ganando. Hay hombres que todavía buscan a la madre protectora y uterina en sus relaciones eróticas. Reinventan a la mujer constantemente a la medida de sus necesidades, quizá por no sentir el «desengaño» que sintió Henry Miller al observar detenidamente la vulva de una mujer. Hay mujeres, hoy, que han tomado esa actitud como modelo y se entretienen en observar el pene masculino con la misma capacidad de entomólogo. Al intentar desmitificarlo, lo ridiculizan y quizá lo aborrecen. Creo que no se trata de eso. Buscar la satisfacción total, absoluta en cada coito, exigir al hombre el placer sexual al cien por cien sin buscar la ternura, el juego, infinitamente más estimulantes y satisfactorios que el orgasmo simultáneo, tan pocas veces conseguido, no es más que una venganza que conduce, una vez más, a la frustración y el resentimiento.

No se trata de volver las tornas, ya que la venganza bloquea y no lleva a la autonomía. La relación amorosa tendría que ser una apasionante aventura en la búsqueda del propio cuerpo y del cuerpo del «otro». Quisiera imaginarme aquellos años prehistóricos en que el hombre y la mujer se hacían el amor sin saber que aquel «juego» tenía que ver con la reproducción, sin complejo de culpa ni noción de pecado... Épocas sin Freud. Pero idealizar este pasado puede resultar otra trampa inventada para contrarrestar el fracaso de nuestra civilización. No regresaremos a la Naturaleza si no es a partir de nuestro siglo, de nuestra experiencia, del conocimiento que nos otorga la acumulación de nuestros éxitos y fracasos, de las noches que han terminado mal y de las madrugadas que han empezado con un hálito de esperanza. Nunca vamos a mirar nuestro cuerpo por primera vez ni besaremos la piel del otro como si fuéramos vírgenes medrosas e inocentes. Quizá por eso la relación amorosa me parece, hoy y no ayer, una aventura realmente apasionante.

Feminismo: esa filosofía de segunda

Y Helena, ¿estaba de acuerdo?

Estuve en Formentera durante unas vacaciones de Pascua. Formentera es casi la más pequeña de las islas Pitiusas, una isla todavía idílica donde se mezclan intelectuales desclasados, turistas de la Europa de balneario y *hippies* que van pasando lentamente a la edad madura.

Allí conocí a un bello ejemplar de este tipo de intelectuales. Un francés cartesiano y a la vez modelado por las reglas del Mayo de 1968. Profesor de matemáticas en una pequeña ciudad del Midi de Francia, el bello francés estaba en Formentera con su joven esposa, silenciosa y apacible. Las horas con la pareja transcurrían en calma. La conversación parecía un fluir hacia las afinidades mutuas, un estímulo del inconsciente, un reflejo de la consciencia compartida, una diversión amena en la que el tiempo deja de pesar, casi desaparece. El marido se desenvolvía perfectamente a través de sus brillantes ideas sobre la revolución científico-técnica o sobre la escisión cultural y la crisis de la civilización que produce el capitalismo.

El joven y bello francés daba chupadas intermitentes a su pipa mientras disertaba y se complacía ante el saludable ejercicio de la especulación ideológica. Todo iba a pedir de boca hasta que se tocó el *tema*. Quiero decir el tema de la *mujer*. El francés se olvidó entonces de sus ideas progresivas, de su capacidad crítica y de su lucidez. Como tantos otros jóvenes, bellos e inteligentes ejemplares, esbozó una sonrisa y trató de evitar el diálogo sobre algo tan menor y tan poco *metafísico* como es el tema de la mujer y su marginación en el campo de la cultura. Empezó a abusar del tópico y de las banalidades, se sentía agredido y la pipa funcionaba a cien por hora. Ya se sabe, aquello de que las mujeres no han inventado nunca nada importante, no han creado una gran obra de arte, no son grandes científicos, etc. *¿Cómo podéis crear la novena sinfonía, por ejemplo, si tenéis que llevar a cabo la función de la maternidad?* Cuando se le replicaba, el brillante profesor de matemáticas miraba al vacío, entre nervioso y ausente. Acabé por preguntarme si es que el tema no le interesaba o es que le daba miedo proseguir con él. De repente, deslizó el siguiente y *definitivo* argumento:

—A ver, explícame por qué no ha habido ninguna mujer como Einstein.

—Y explícame tú dónde estaría Einstein si en su época hubiera nacido negro —le repliqué.

El francés no contestó a mi pregunta y derivó a lo de siempre, a la broma, esa nueva arma que utilizan algunas inteligencias varoniles para no plantear el tema en sus aspectos más serios ideológicamente. A mí la cosa me divirtió pues vi los quebraderos de cabeza que tenía el mancebo para salir airoso de una polémica cuyos términos no quería imponer y cuyo rigor prefería soslayar. No quería discutir. Y es que el tema de la *mujer* da miedo. Y da miedo porque va más allá de los condicionantes económicos y sociales de la estructura actual, porque ataca al subconsciente y, atacando al subconsciente, ataca al poder del hombre. El bello francés pretende verse agredido como *hombre* cuando, en realidad, se le ataca como *patriarca*. Muchos hombres —como el francés— increpan a las feministas por sexistas y se sienten heridos. Nos dicen: *¿por qué nos atacáis si estamos por la lucha de la liberación de la mujer?* Me temo que muchos de los que preguntan eso se olvidan del patriarca que llevan dentro.

El tema de la mujer hace tambalear la estructura consciente del hombre, desarrollada a través de la cultura y de la historia. El varón no ha dominado la naturaleza, a pesar del desarrollo y de la tecnología, y quiere esconder el tabú y el mito bajo la capa del *progreso*. Pero el tabú subsiste en su interior. La lucha de las mujeres lo devuelve a su condición primitiva. La lucha de las mujeres pone en peligro el equilibrio que había conseguido y que había simbolizado en la familia nuclear, en el *hogar, dulce hogar*. Solo el hombre que es capaz de mirarse a sí mismo como sexo opresor puede llegar a liberarse como ser humano. Solo el hombre que llegue a comprender que la historia de la Humanidad ha sido explicada, hasta el momento, a través de la óptica masculina. Se puede llegar a ir contra el poder de los que dominan la calle, de los que han refinado la explotación del hombre y la mujer por el hombre, de los que esclavizan a tu pueblo, se puede creer que se está al lado de todos los oprimidos del mundo. Pero esa consciencia transformadora siempre estará a medias si no se pone en cuestión la propia condición de patriarca. Si no se baja hasta la frontera del poder. El Yo masculino necesita mirarse al espejo y encontrar la imagen que él ha creado de la mujer, encontrar a su costilla, para así sentirse más seguro en un mundo que quizá le es hostil. Necesita una intimidad sin roturas ni conflictos. Necesita estar en el lado positivo del espejo, allí donde él cree que está la realidad, para convertirse en el único portador del pensamiento humano, en el único creador, en el único descubridor del Universo. «*De lo uno a lo otro*», escribía Antonio Machado en *Juan de Mairena*, «es el gran tema de la metafísica. Todo el trabajo de la razón humana tiende a la eliminación del segundo término. *Lo otro no existe*: tal es la fe racional, la incurable creencia de la razón humana. Identidad = realidad, como si, a fin de cuentas, todo hubiera de ser, absoluta y necesariamente, *uno y lo mismo*. Pero lo otro no se deja eliminar, subsiste, persiste; es el hueso duro de roer en que la razón se deja los dientes».[1]

Como escribiera Flaubert, Dios creó a la hembra, y el hombre ha hecho a la mujer. Sin embargo, la lucha de las mujeres ha dado en el clavo al poner en cuestión la condición del Patriarca, condición aceptada hasta por los artistas más marginados, hasta por los poetas *maudits*. La actual lucha de las mujeres sumerge hoy al varón moderno en una crisis de sí mismo, de su propia identidad. Y no todos los hombres progresistas, por muy lúcidos que se muestren en otros temas, están dispuestos a asumir la desintegración de su condición de patriarcas. Por eso mi francés rehusó seguir la conversación, una conversación que quizá nos hubiera enriquecido a los dos. Mi francés no solo tenía miedo de mi agresividad verbal, de mis razonamientos. *Tenía miedo de sí mismo, de aceptar su condición de opresor*. En el fondo, respondía al temor ancestral frente a la biología de la mujer. Cuando afirmaba que las mujeres no seríamos nunca creadoras en el campo de la ciencia o de la cultura y nos enmarcaba en nuestra condición *natural* de animal reproductor, no hacía más que ser fiel a sus antepasados primitivos que inventaron el tabú para controlar el *misterio* de la biología femenina. Cuando el hombre se da cuenta de que la procreación está totalmente en manos de la mujer, cuando ve que solo va a ser comparsa, es cuando inventa el mito. Por ello, no es suficiente afirmar que la opresión de la mujer empezó con la primera división sexual del trabajo, aunque sea causa importante de esta opresión. No es suficiente pensar que la función reproductora de la mujer la aparta de la vida social, como cuando se dice que el hombre se dedicó a la caza y a la pesca y la mujer al cuidado de los hijos en *igualdad de condiciones* en las sociedades primitivas. Si solo fuera así, la transformación económica y social de los medios de producción bastaría para liberar a la mujer. Las sociedades socialistas nos están demostrando que, en el subconsciente, el hombre sigue siendo el patriarca. Es ese miedo a la naturaleza lo que ha posibilitado al hombre, entre otras cosas, su protagonismo en la cultura y en la historia de las civilizaciones. Así, le era más fácil a mi francés mantener la clásica separación entre hombre-cultura y mujer-naturaleza. El feminismo no hace otra cosa que evidenciar un divorcio que ya existía: el divorcio entre el hombre y la mujer. Y es evidente que el inventor de ese divorcio es el poder masculino.[2]

Y no es que el francés, sensible e inteligente como era, afirmase que las mujeres somos *de ideas cortas y cabellos largos* —como afirmaba un profesor neolítico que tuve durante el bachillerato—, o que estamos biológicamente incapacitadas para la cultura, para la ciencia o para el arte. No, eso está negado por sus propios *principios democráticos*. Lo que pasa es que le interesa mantener la supremacía de su *punto de vista* en la tradición cultural. Le interesa seguir siendo protagonista hasta en las zonas en que el poder no se manifiesta de manera ultrajante u opresora. Voy a dar un ejemplo que nos atañe muy de cerca: en los años cuarenta, apareció en Catalunya una revista de poesía, clandestina, en catalán. La revista, titulada *Poesia*, tenía el mérito de vincularse a las grandes corrientes europeas, principalmente con el vanguardismo y el surrealismo, y de mantenerse a un alto nivel de calidad y rigor. Eran los tiempos en que pasear por los claustros de la universidad franquista con un libro de Verlaine bajo el brazo era suficiente para ser considerado *rojo-separatista*. Pues bien, en el número 20 de esa revista, editada pese al riesgo de sufrir encarcelamiento y persecución, leo lo que ha escrito un conocido poeta catalán antifranquista:

> [...] Pues yo digo que no hay poesía más femenina que la que han hecho ciertos hombres (muy a menudo la poesía de las mujeres muestra, precisamente, unos rasgos muy acusados de masculinidad). [...]. Y es que la mujer no tiene, como el hombre, este poder —o este defecto— de quedar «alma sola», de desprenderse, de salir

> de ella misma —como lo tiene el hombre—. Y no hay nada de tan femenino como el alma, desnuda y sola. En la mujer, alma y cuerpo se involucran, se reclaman, no se pueden descompartir: su vida es unitaria. Y es que, en definitiva, parece que así como todos los hombres —y «por machos que sean»— son paridos por las mujeres, el poder la creación artística, si no exclusivo, parece, sobre todo en nuestras latitudes, ser perfectamente masculino. Un análisis de la poesía de las grandes poetisas, y de sus cualidades *volcánicas*,[3] seguramente nos lo acabaría de conformar.

Así, nos encontramos con un poeta antifascista que recurre a la ideología de las *esencias* para diagnosticar la incapacidad de la mujer en el campo de la creación artística. Para él, está claro que la mujer es creadora al parir poetas. Pero aquí se acaban sus posibilidades de creación. De todas maneras, hay que agradecer al poeta que intuya que el campo de las emociones y de los sentimientos, primordial en el arte, sea predominantemente *femenino*. Lo que pasa es que el poeta-hombre, acostumbrado a tener el poder en todo, pretende monopolizar *el poder de la creación artística*. Y, sin proponérselo, este escritor progresista es eminentemente reaccionario al pensar que la naturaleza humana no puede ser transformada. Nunca se debe haber preguntado, como hacemos nosotras porque nos incumbe, por qué las mujeres no podemos quedarnos *almas solas*, *salir de nosotras mismas*. Cuáles son las causas de esa *imposibilidad*. Nuestro poeta, además, hace una distinción absurda entre alma y cuerpo. Este divorcio entre alma y cuerpo es una herencia escolástica que muchos de sus poetas preferidos no compartirían y mucho menos las mujeres que, en el campo de la creación artística, sabemos hasta qué punto es importante el lenguaje del cuerpo.

Pero vayamos por partes. En primer lugar, las mujeres tenemos que saber por qué no hemos sido hasta ahora creadoras, por qué hasta el momento la cultura ha sido *masculina*, por lo menos la cultura conocida, la que ha quedado plasmada en la obra de arte. Si no nos vale la *sutil* distinción de mujer-naturaleza y hombre-cultura, si no hay diferencias biológicas que valgan en este terreno, si son *precisamente*, como afirmaba el poeta catalán y lo afirmamos nosotras, las virtudes culturales *femeninas* las que han nutrido el campo del arte y de la cultura durante siglos, si los artistas son y han sido subversivos del orden establecido, homosexuales que han sublimado su marginación social a través del arte, hombres que han valorado más la razón, el sentimiento, la emoción, etcétera, que el poder irracional, la debilidad más que la fuerza, la belleza más que la vulgaridad, etc., entonces es que aquí ha pasado algo importante que ha coaccionado y ha bloqueado el ímpetu creador y la capacidad indagatoria de la mujer. Y lo que ha pasado es que la mujer ha sido dominada por el temor del hombre a ser dominado por la naturaleza y el *misterio*, la mujer ha sido dominada por esos terrores que le son ajenos y ha quedado relegada a ser máquina reproductora. Tras ese dominio se ha desarrollado la ideología de las esencias, la cual ha proclamado que la maternidad era un destino insoslayable. A partir de aquí, la maternidad ha sido idealizada y sublimada, pues de otro modo las mujeres no hubieran aceptado impunemente su postración. La mujer no se ha liberado de su *destino*, de ahí que el sufrimiento y la resignación, productos culturales de esa postración, parece que formen parte de la *naturaleza de la mujer*. Y la resignación es la principal enemiga de la creación artística, la cual se nutre fundamentalmente del impulso de libertad. Es imposible imaginar a un Beethoven pariendo año tras año, a Einstein especulando sobre la teoría de la relatividad entre críos que lloran, a Miguel Ángel trabajando en la Capilla Sixtina mientras cada tres horas tiene que dar de mamar a sus hijos. Hay una imposibilidad física, real, que ha mantenido a la mujer apartada del campo de la creación. Leonardo da Vinci podía ser hijo natural, pero sabía que nadie lo apedrearía por dormir noche y día con su equipo de pintores en las iglesias donde pintaba murales. A Ludwig de Baviera no se le hubiera ocurrido nunca convertirse en mecenas de un Wagner-mujer. Quevedo hubiera sido quemado como bruja... La lista se haría interminable.

La mujer no tiene ninguna clase de poder en todo el mundo. En el primer estadio de nuestra liberación, de nuestra autonomía creadora, hay que desprivatizar el poder económico. Las mujeres siempre hemos sido pobres, el dinero ha sido del padre, del marido, del hermano. Incluso las abadesas de la Edad Media, que tenían su aislada parcela de poder, eran elegidas por el obispo de su diócesis. Para crear, hay que tener un cierto distanciamiento de la vida cotidiana, no estar atada a los problemas concretos de la organización doméstica. ¿Cuántas mujeres creadoras, científicas, etc., van a surgir hoy, en 1980, de los ocho millones y pico de amas de casa del Estado español? Parafraseando a Virginia Woolf, para escribir es necesaria una renta anual y una habitación propia. Durante siglos, la habitación de la mujer ha sido compartida por la familia, la habitación de la mujer ha sido la sala de estar y la cocina. El ágora, del hombre. Las paredes de las casas han acumulado gemidos y pensamientos oscuros, susurros y conversaciones rotas. Sin embargo, al lado de esas dificultades reales se ha desarrollado la ideología del sometimiento. El mundo era del hombre. Los hijos, mientras tengan una relación animal con la madre, de la mujer. El poder quedaba perfectamente delimitado. Si el hijo no hubiera sido considerado un *producto* y la mujer su máquina, las relaciones de dominio entre unos y otros hoy no subsistirían. Y la historia de la civilización sería otra.

En segundo lugar, desconocemos por completo la historia de las mujeres. Y la necesitamos para introducirla en nuestra propia experiencia y enriquecer nuestra tradición. ¿Qué sabemos de tantas y tantas mujeres, de lo que han pensado, de lo que han hecho, qué sabemos de la historia de sus sentimientos, de su elaboración —y esto también es cultura—, si la historia no ha sido escrita por ellas?[4]

Todo ha sido borrado, ha escrito Virginia Woolf. Ya no existe ni el recuerdo. Todo está limpio, los niños han partido para la escuela, la vajilla está reluciente y la cena preparada. Todo ha desaparecido. En el primer estadio de nuestra liberación, la consciencia de ser mujeres nos obliga a convertirnos en arqueólogas de nuestro sexo. Bucear en la prehistoria de nuestro cuerpo, denunciar la parcialidad de la tradición y de la cultura que se nos ha enseñado, pues no existe solo la cultura de la clase dominante, sino también la del sexo dominante. Dejar de existir para *lo uno* siendo *lo otro*. Rousseau escribía que toda la educación de las mujeres se relacionaba con la de los hombres. Se trataba de darles satisfacción, hacerse amar por ellos, serles útiles, educar a los pequeños, cuidar a los mayores, aconsejarles, hacer que la vida de los hombres fuera agradable y dulce. Estos son los deberes para la compañera de Émile en el tratado de educación rousseauniana.

Pero para dejar de ser lo otro hay que regresar a los orígenes. Como dice Nadia Fusini, nuestra indagación nos abre una nueva posibilidad de lectura de toda la historia.[5]

No hace mucho explicaba la *Odisea* a mi hijo de siete años y a mi sobrina de once. Cuando terminaba de explicar el preámbulo, es decir, cuando los aqueos vencen en la guerra de Troya y llevan a Helena otra vez junto a Menelao, mi sobrina me hizo una pregunta clave:

—Y Helena, ¿estaba de acuerdo?

Mi sobrina se unía inconscientemente a esta campaña arqueológica. Si leemos la *Odisea*, que dicho sea de paso, es una de las obras más estimulantes de la literatura universal, veremos que ya están formados los arquetipos literarios femeninos. Tenemos que desistir de saber si Helena estaba de acuerdo o no en volver al lado de su esposo ultrajado (aunque reconoce en la obra que se había dejado seducir por las artes de Afrodita y que había ignorado las ventajas de un marido seguro y protector, como Menelao).

En la *Odisea*, lo único que se queda claro es que no importa la opinión de las mujeres en esa gran Historia transformada en poema épico. También, que hace tres mil años ya había las dos clases de mujeres más comunes en la literatura escrita por hombres: la primera está representada por Nausica, todavía virgen, que lava finamente la ropa de los hombres. Por Arete, que organiza sabiamente los quehaceres domésticos del palacio de Alcineo y, sobre todo, por Penélope, la paciente y discreta Penélope. La mujer que ose rechazar este papel será castigada por adúltera, como Clitemnestra. Luego están las demás mujeres, las que hacen su voluntad, y estas mujeres, dentro de la mitología griega, no tienen más remedio que ser diosas e inmortales. Este es el caso de Circe, la encantadora de hombres para satisfacerse sexualmente, el de Calipso, que intenta amar sin pasar por los cánones domésticos, y el de Atenea, nacida de un dios, y que tendrá que vestirse de hombre para que Telémaco, el hijo de Ulises, le haga caso. Después, para doblegar a estas diosas, quizá fue conveniente rebajarlas a hetairas, a prostitutas, la cloaca necesaria en el nuevo orden social, por decirlo a la manera de santo Tomás de Aquino.

Por eso Agamenón aconseja a Ulises lo que hay que hacer en el mundo para doblegar a las mujeres (no a las diosas) y mantenerlas bajo cierta ignorancia para que no se desboquen: «no seas benigno ni con tu esposa», le dice Agamenón a Ulises, «no le confíes todas las cosas, le dices una parte y escondes la otra». Para dominar a los hombres hay que convertirse en hechicera, como Circe. Usar la seducción antes que la razón, como Calipso. No hace falta, pues, leer textos contemporáneos. En la *Odisea*, y más tarde en las tragedias griegas, están ya marcadas las escisiones entre razón y la emoción, entre debilidad y virilidad. Las mujeres lloran y gritan a lo largo del poema épico, e incluso las diosas poseen pudor femenino. Los hombres son valorados por su arrojo, como Agamenón, capaz de arrasar un sinfín de ciudades. Los feacios son los hombres más ingeniosos para dirigir una nave en el mar proceloso, mientras sus mujeres son las más mañosas en el arte de tejer. Y ante los feacios siente Ulises vergüenza de llorar, él, el bravo guerrero a quien Homero y la tradición han llamado el «destructor de ciudades». Pero los hombres, en la *Odisea*, tienen todos los papeles, mientras que las mujeres solo saben llorar las consecuencias de los grandes hechos masculinos u organizar la vida doméstica ante el retorno del guerrero. Exactamente igual pasa con las máscaras del teatro chino del siglo XV: mientras la mujer solo lleva dos máscaras, cuando llora o cuando está normal, el hombre puede cambiarse de máscara ante cualquier nueva situación.

Pero, en este bucear de nuestra propia arqueología, me parece que todavía no hemos alcanzado la auténtica libertad para crear, la autonomía frente al mundo. Es arduo reivindicar el propio sexo, tener que demostrar a cada momento, sin renunciar a toda la riqueza de nuestra condición específica y diferente, que somos tan aptas como ellos, los hombres. Al fin y al cabo, también Beethoven y Einstein son una gloriosa excepción dentro del mundo de los hombres. La presión ideológica es demasiado fuerte para que se haya logrado la autonomía total frente al hombre. Por ejemplo, uno de mis novelistas preferidos, el anglosajón Lawrence Durrell, escribe en *Justine*, a propósito de este personaje: «Diré solamente que muchas veces pensaba como un hombre, y en sus actos desarrollaba en cierta manera esa independencia vertical propia de la actitud masculina [...]. Con una mujer solo se puede hacer tres cosas: quererla, sufrir y hacer literatura». Y la literatura masculina sobre la mujer depende de su autor, el cual proyecta en lo que escribe la idea que tiene de sí mismo a través de su propia experiencia, a la par que sus sueños y sus deseos. Lawrence Durrell da la impresión a veces que no habla de mujeres reales, sino que proyecta en sus personajes femeninos su particular ideal femenino. No trata de mostrarse ante la amplia variedad de mujeres *ad infinitum*, sino de dar distintas versiones de su idea de mujer. Otros darán visiones más negras y negativas, y siempre estas visiones estarán sujetas, repito, a su personal concepción del mundo, a su ética general en la cual se inscribe y, a la vez, a los deseos no alcanzados a lo largo de su experiencia vital. Mahler deseaba que su mujer, Alma, se identificara lo más posible a su madre. Nietzsche y sus epígonos tendrán que combatir a la fuerza la dulce imagen rousseauniana, por las connotaciones burguesas que esta mostraba. «Son gatos, pájaros o, a lo más, vacas», clama el filósofo en *Así habló Zaratustra*. Para D. H. Lawrence, las peores mujeres son aquellas que han adquirido consciencia de su identidad: «actúan de una manera totalmente cerebral y obedeciendo las órdenes de una voluntad mecánica», afirma en *Fantasía del inconsciente*. Según él, las mujeres no pueden tener una sensualidad autónoma, pues son hechas para dar y no para tomar. Estos escritores expresan un desengaño parecido al que sintiera Agamenón en el Hades. Stendhal, en cambio, es uno de los pocos escritores que intenta llegar a la mujer real, despojándola del mito. Su concepción del mundo no es ni racional ni universal y reclama la liberación de las mujeres en favor de la libertad individual. Simone de Beauvoir señala con mucho acierto que su feminismo, al contrario de la gran mayoría de los teóricos masculinos del feminismo, no parte de una idea de libertad universal sino de la realidad humana. Incluso hoy día parece como si algunos teóricos del feminismo elaboraran racionalmente el ideal de mujer emancipada sin pararse a pensar cómo son realmente, y de qué están hechas, las mujeres que hay a su alrededor.

¿Palabra de mujer?

Sin embargo, el problema subsiste. Hoy ya es posible decir que las mujeres cuentan con su imaginación y con su personal concepción del mundo para escribir. Pero la arqueología no sirve para sustraernos a los mitos masculinos. Anaïs Nin, aunque lo niegue en el prólogo de *El delta de Venus*,[6] escribe sus cuentos eróticos mediatizada por el mito de la penetración fálica. El poeta catalán no iba muy errado cuando acusaba a algunas poetisas de escribir con rasgos «masculinos».

El trabajo de arqueología es solo un paso previo antes de encontrar nuestro propio lenguaje, particular y universal a la vez. Y a través del lenguaje establecer una relación autónoma con el arte. «Las mujeres empiezan a respetar su propio sistema de valores, a buscar un lenguaje para su propio sexo, a describir a las mujeres como nunca se había hecho», afirma Nadia Fusini.[7] Se trata de abandonarse, liberar los fantasmas, por penosos que sean, establecer la armonía entre la venganza y la reconciliación, liberar el subconsciente para dejar de ser plañideras. La experiencia no es igual en todas las mujeres que escriben, aunque haya rasgos comunes. El problema está en trabajar la propia experiencia e incluso llegar a manipular, literaria y conscientemente, el resentimiento. La creación no es solo fruto de un resentimiento, sino de la hábil utilización de los propios fracasos. Kafka dio coherencia artística a la marginación del judío que escribía en alemán y en Praga. Los desastres de Goya surgen de tormentos interiores que pueden ser vividos y sufridos por mucha gente, pero que no todo el mundo es capaz de liberar hacia la autonomía plástica. Ernesto Sabato llama *testigos* a los escritores que sienten la necesidad oscura pero obsesiva de testimoniar su drama, su desdicha, su soledad. Afirma que son individuos a contramano, terroristas o fuera de la ley. Según el escritor argentino, el artista que es realmente profundo está ofreciendo inevitablemente el testimonio de él, del mundo en que vive y de la condición humana del hombre de su tiempo y de su circunstancia. Esta oscura necesidad de testimoniar es la que impulsa a muchas mujeres a escribir. Hay en muchas mujeres escritoras esta condición de marginalidad y es lo que las impulsa a darse a sí mismas, en primer término, y luego a los demás, un testimonio de su tiempo. De ahí que esos balbuceos arqueológicos son necesarios, por el momento, hasta llegar a la confección de un cosmos propio. Victoria Ocampo escribía a Virginia Woolf en 1934: «La deliciosa historia de la hermana de Shakespeare, que de modo tan inigualable cuenta usted, es la más bella historia del mundo. Ese supuesto poeta (la hermana de Shakespeare) muerto sin haber escrito una sola línea, vive en todas nosotras. También lo creo. Vive aun en aquellas que, obligadas a fregar los platos y acostar a los niños, no tienen tiempo de oír una conferencia o leer un libro. Acaso un día renacerá y escribirá. A nosotras toca el crearle un mundo en que pueda encontrar la posibilidad de vivir íntegramente, sin mutilaciones».

Sin embargo, no hay que rechazar, me parece, la cultura masculina como un todo. No hay que renunciar a rajatabla a todo lo que ha ganado el hombre en el campo de la cultura y de la ciencia, o en el mundo de las ideas. Incluso en el mundo de los sentidos, cuya elaboración literaria es hoy distinta gracias, en gran parte, a Marcel Proust. Se trata solamente de revertirlo a la experiencia femenina, de la misma manera que los pueblos del Tercer Mundo utilizan la técnica y los adelantos de los pueblos más desarrollados para expresar mejor sus raíces y desarrollar su identidad. La novelista Rosa Chacel confesó en un coloquio que siempre ha seguido la escuela de los grandes maestros porque era la única que existía. Y admitió sentirse más próxima a Homero que a Virginia Woolf. Defender la cultura solo en femenino es afirmar la exclusividad de la cultura determinándola a un solo grupo, por mucho que este se desarrolle condicionado por la opresión en la cual vive. Si lo que escriben las mujeres nos llega determinado solo por el sexo, negaríamos otros determinantes, como los étnicos, ideológicos, religiosos o de clase. Pero sí que el grupo femenino tiene mucho que decir a partir de su opresión específica, porque ha estado durante siglos y siglos expulsado del poder público y del supuesto primer término de la historia escrita. Gracias a ello ha podido desarrollar en el mundo de la imaginación sus propios aspectos de marginalidad y hoy ya es posible elaborar literariamente aquella necesidad oscura a la que se refería Sabato: su propio drama, la desdicha y la soledad. Gracias al feminismo, se empieza a superar la sala de estar donde escribía Jane Austen. La creación femenina está dejando de ser recelo y suspiros. Empieza a ser un acto de amor volitivo y racional, un intento de ordenar el desorden de la vida para superar el bloqueo y las personales fronteras de la frustración. Poco a poco estamos dejando de ser espejo y surge un diálogo nuevo. El discurso se refiere, de momento y en la mayoría de los casos, a un diálogo con el propio cuerpo, con el silencio, con la prohibición. Es como si se buscara la patente de la propia existencia. Y la figura patriarcal se tambalea, ya no representa el espíritu definido de Hegel, se busca la síntesis de lo hasta ahora clasificable, la síntesis del alma y el cuerpo, del sentimiento y la razón, de todo aquello que la tradición masculina ha pretendido mostrar como un distintivo de cada sexo. Algo importante se está desmantelando: el masoquismo femenino y la interiorización de la superioridad del hombre.

Sin embargo, la literatura femenina está todavía en sus balbuceos. Con ser el arte femenino más desarrollado —gracias a que es barato y permite la introspección y exige la soledad—, apenas cuenta con una tradición de dos siglos. Además, existen todavía más novelistas que poetisas, ensayistas o dramaturgas. Y, en novela, abunda la autobiografía y el género epistolar. El intimismo antes que la época. Todavía leemos obras que, a pesar de exhibir una forma literaria desinhibida y provocadora, no han adquirido suficiente autonomía frente al mundo de las ideas, no han sido capaces de establecer una relación única y no transmisora con el universo. Es el caso, me parece, de *Miedo a volar*,[8] un *best-seller* gracias a un formidable aparato de *marketing* detrás. Creo que en la novela Erica Jong escribe como un hombre su experiencia de mujer. No es de extrañar, pues, el éxito que esta novela ha tenido entre los hombres. Y esto es lo que lleva a Henry Miller a afirmar que *Miedo a volar* es el equivalente femenino a su *Trópico de cáncer*. Pero lo que le gusta al escritor americano es que la Jong escriba como una «hembra», que se adhiera a su personal canto al paganismo, que contribuya, de alguna manera, a la escisión entre espíritu y cuerpo, pero haciendo lo contrario que los autores cristianos, poniendo el énfasis en el sexo. Aunque desde una óptica contraria, se ha roto de nuevo la armonía entre el cerebro, el corazón y el sexo.

Miedo a volar no deja de ser un peculiar vómito a la americana. Relata el intento de una mujer por volar sola. El acierto está en que se propone ir al fondo de las fronteras de su propio sexo. Pero el pájaro se queda a medias, no acaba de alzar el vuelo. En lenguaje simbólico, el pájaro es el intermediario entre la tierra y el cielo. Y la novela no llega ni a plantear la síntesis de ambas cosas. Lo único que hace esta americana culta, hipersensible y muerta de miedo es bucear en su condición sexual para extraer de ella conclusiones morales. Sin embargo, a pesar del lenguaje desinhibido y voluntariamente obsceno, está a la sombra de una América fuerte y poderosa, de una cultura firme y sin fisuras. Y ello se nota más cuando la protagonista, Isadora, una mujer blanca y judía, se pasea por el Líbano y observa el mundo árabe desde la atalaya de Occidente. El Cosmos está fuera de ella e Isadora, quizá, no intenta ni resquebrajarlo. ¿Se puede ir hasta el fondo de una misma sin analizar estas cuestiones? ¿Puede una mujer crear un mundo de ficción verbalizando solo su interiorizada condición sexual? Sí, si solo se propone esto, tal como ha hecho Annie Leclerc en *Parole de Femme*. Pero otras novelistas se dan cuenta de que existe también la relación con los demás, con las ideas y con el mundo. Y que hay que bucear en todo ello para explicarse la particularidad de la propia existencia. Así lo han hecho la francesa Marie Cardinal en *Les mots pour le dire* y Doris Lessing, la rodesiana afincada en Inglaterra.

En *El cuaderno dorado*[9] Doris Lessing consigue hablar, a la vez, de la consciencia colectiva y la consciencia individual. Llega a la síntesis a que se refiere Ernesto Sabato. Varias mujeres intentan llegar a la totalidad después de haberse desintegrado en un cosmos múltiple. En un arduo y conflictivo proceso de introspección, Doris Lessing intenta conciliar los planos artístico, psicológico y literario. A partir del fracaso de una ideología que se proponía llegar a la totalidad en abstracto, las protagonistas de Doris Lessing optan por ser desmenuzadas, troceadas en un mundo más concreto. En el fondo, *Miedo a volar* es mucho más convencional que *El cuaderno dorado*. En la novela de la Lessing están todas las mujeres intentando forjarse un mundo autónomo a partir de una civilización que se está desintegrando. La Lessing nos muestra también el mundo de los hombres, tan roto como el de las mujeres, y viene a preguntarse: ¿es posible volar en él? Quizá solo a través de la asunción de la dicotomía, del fracaso, de la ruptura interior. Los pedazos se recomponen lentamente, o quizá no se recomponen jamás. Pero hay que saberlo y, sobre todo, expresarlo.

¿Tenemos miedo a volar solo como mujeres? ¿No será que se entrecruzaron varios temores al vernos de repente desposeídas y desprotegidas? El miedo a la muerte y el terror ante la soledad, ¿no son acaso tan fuertes como el miedo a ser una misma? Mary Gordon lo intuye en su primera novela, *Cuentas saldadas*.[10] Sin dejar la línea de la literatura de confesión, tan cara a las mujeres que escriben, la autora expresa en su novela el conflicto entre el amor abstracto y el amor concreto y, sobre todo, el sentimiento de culpa que yace en el subconsciente de las que hemos sido educadas en el catolicismo. Un sentimiento compartido tanto por los hombres como por las mujeres. La protagonista, Isabel, tiene que enfrentarse a un mundo inexpresado todavía a la edad de los treinta años después de haber estado once años cuidando a su padre enfermo. Durante este interregno, la noción de bondad en abstracto la protegía. No hacía falta buscar su identidad, la religión se la proporcionaba. A la muerte del padre, Isabel busca la prolongación de la figura del padre en un mundo que, aparentemente, carece de sentido. Donde los hombres no dan esta versión tan granítica como la religión y el sentido del deber.

El catolicismo sirvió de protección y sublimación durante siglos a las mujeres. Solo la ciencia y el racionalismo del siglo de las luces fueron capaces de enfrentarse a él, pero ambas cosas estaban vetadas a las mujeres. Mary Gordon no rompe solo con el mundo masculino, sino también con las ideas que lo habían conformado. La ruptura no es fácil, pues subyace, hostigador y tozudo, el personaje al que Isabel intenta matar: su otro yo, mezquino, miserablemente imbuido de la temible piedad. El amor a Dios, así como otros amores abstractos, puede convertirse en atroz por su potencial de irrealidad. Igual pasa con otros amores abstractos, como el amor a la Humanidad o a un Ideal. La protagonista cita un poema de Auden que termina así: «Pues el error se incuba allí, en el hueso / de cada ser humano, hombre o mujer: el ansia de gozar de lo imposible, / no ya un amor universal, de todos, / sino ser único objeto de un amor». Isabel reclama este amor, «un amor por nuestra condición de diferentes, un amor por nuestra virtud de únicos, y no de caridad». Puede haber ambigüedad en los términos, pero no se puede negar que Mary Gordon intenta establecer en la novela un mundo propio, autónomo, un mundo que se relacione con el exterior de una nueva manera. Y no solamente a través de su condición de mujer.

Un útero para el artista

Se dice que Peter Ustinov afirmaba, hablando de la Loren, que «las mujeres son deliciosamente artificiales, pero no tienen ningún sentido de lo que es arte». A veces, se puede mentir diciendo una verdad. O al revés. Yo no sé si las mujeres somos artificiales —tendríamos que conocer antes en relación a qué—, pero tampoco acabo de entender a qué arte se refería el actor. Este es el problema: a pesar de lo hablado, ¿tenemos las mujeres una idea exacta de lo que han sido el arte y la cultura masculinas? Realmente, ¿empezamos a crear desde nuestro punto de vista?

Cuando las feministas dicen que hay que descubrir la propia voz, ¿a qué voz se refieren? ¿La voz de los patios interiores? ¿La del rellano de la escalera? ¿La de los mercados, de los parques infantiles, la de la peluquería? ¿La voz que se emite entre pañales, entre la caca y el pipí de los críos? Últimamente se escriben algunas novelas, sobre todo de feministas americanas, que hablan de ello: de «vida-triste-entre-el-fontanero-pañales-supermercadoganchillo-recetas de cocina». Por lo menos parten de ello, pienso en *Mujeres* y en *Cuestiones candentes*. Así, parece claro que es necesario este primer paso hacia la creación de un universo autónomo. El paso previo para trascender la autobiografía, la literatura de confesión. En España, por lo menos, entre las que tienen más de treinta años, quizá todavía no necesitan hablar de la dictadura de los electrodomésticos. Pero ¿y la tentación del colegio de monjas, del racionamiento, el pan con aceite y el primer beso pecador? Quizá se trata de explicar todo ello. Lo único que difiere es la forma en que se explica. Y la forma es lo que convierte cualquier tema en «universal». Pero no acabo de entender a qué se refieren los críticos cuando hablan de temas universales. ¿Cuál es la relación con el mundo exterior si la mayoría de las mujeres han soldado su experiencia a partir de los llamados pequeños sentimientos y de la vida cotidiana? Me doy cuenta: yo también hago trampa. ¿A santo de qué tienen que ser pequeños sentimientos? ¿Y cómo se puede hablar de los llamados grandes temas si el mundo cotidiano es tan pequeño, mezquino e incluso pueril? Un editor conocido me dijo una vez: ¿verdad que no te enfadas si te digo que se nota que escribes como una mujer? Me lo dijo con temor a que me enfadara y yo me lo tomé como un elogio. Los temas no son clasificables. Es lo mismo que cuando los pedantes de turno se jactan de no leer novelas y solo ensayos. Josep Pla dijo una vez que quien lee novelas a partir de los cuarenta es un imbécil.

¿Cómo, pues, se puede concebir un mundo de ficción autónomo si todos los días hay que levantarse para vestir a los hijos y mandarles a la escuela con la sonrisa en la boca? ¿Dónde está el distanciamiento para poder explicar incluso estas cosas pequeñas? Existe el poso y la criba es difícil. Los hijos irrumpen de pronto en la vida de la madre y son tan absorbentes como la obra literaria. Estamos ya lejos de la elección entre ser mujer y ser persona que se planteaba a la generación de mujeres como Lillian Hellman o Simone de Beauvoir. El feminismo busca la reconciliación entre el ser mujer —y toda la riqueza vital que ello comporta— y el ser persona. Virginia Woolf, hija de un padre rentista, no tuvo hijos y, a pesar de ello, afirmaba que los perros que ladran molestan a los escritores. Virginia, sin embargo, tuvo a Leonard, que la cuidó para que no se rompiera en miles de pedazos. Los artistas son seres débiles que solo sacan fuerzas para la obra de creación. Todo artista, sea hombre o mujer, necesita un útero que le proteja. Sin embargo, en mi experiencia como entrevistadora he podido observar que son más las mujeres artistas que viven solas y acarrean con todas las funciones. Los hombres artistas buscan desesperadamente el útero que les proteja. La mujer del cantante le hace de *manager*, la del pintor es su marchante, la del músico, su enfermera. Aquello tan manido de que detrás de un gran hombre siempre hay una mujer. Esta vampiriza, en el buen sentido de la palabra, al artista y transfiere en él sus fracasos como persona. Escasas son las mujeres artistas que encuentran esta protección. Está el caso de Rosa Chacel, quien afirma que se casó a los diecisiete años y que nunca supo el dinero que había en su casa. Su marido la protegía de la crueldad y del desorden del mundo. A muchas mujeres les ocurre como al protagonista de *Martin Eden*, de Jack London, se bloquean ante el mundo de ficción a causa de la pobreza física y moral en que se ven inmersas. Como si fueran proletarias dentro de la jerarquía literaria. Aunque hay opiniones contrarias, como Carmen Martín Gaite, que afirma que la situación femenina de encierro, opresión y sosiego es idónea para escribir. Y añade que escribió su primera novela mientras fregaba los platos y que esto no tiene nada que ver con la necesidad de aislamiento y contemplación que siente todo escritor/ra. Sin embargo, Maria Callas, que era genial dentro de su arte, expresó hacia el final de su carrera estas patéticas palabras:

> Cuando pienso que soy una mujer, y quiero decir una mujer con todas sus debilidades, me siento indefensa [...]. El mundo está lleno de injusticias. Claro que hay personas que me quieren, pero ¿por

qué? ¿Porque canto una hermosa aria o una bella nota? Hay algo más que esto. ¿Quién soy yo? ¿Una máquina de cantar? No, yo soy un ser humano y necesito que me ayuden [...]. Si uno logra no hundirse, el triunfo solo radica en uno mismo [...]. Esto ha sido así desde que era pequeña. Mi vida ha sido muy solitaria. Toda mi obra ha sido creada en soledad. Cuando miro una partitura, en seguida sé qué es lo que sacaré de ella. En la mente se lleva este espíritu creador e interpretativo, como quiera llamárselo. Hay que estar solo para hacerlo, no puede haber distracciones. El día pasa fácilmente, pero ¿la noche? Cuando se cierra la puerta del dormitorio y una se encuentra sola, ¿qué puede hacer? ¿Sentarse entre cuatro paredes? Toda mi vida he tenido que hacerlo y estoy empezando a pensar si no sería mejor tener uno de esos enormes perros para que me hiciera compañía. También pienso, pero por la noche las ideas son pesimistas y me gustaría sacudírmelas. Pero ¿qué puede hacer una mujer? ¿Puede pasear toda la noche hasta acabar exhausta, puede hacer algo ella sola? Sería tan maravilloso tener a alguien en quien poder confiar de verdad [...]. Pero si no se puede confiar ni en la madre ni en el marido, ¿a quién pedir ayuda?

Maria Callas fue devorada por el mundo, sin un útero que la protegiera. Como Marilyn Monroe, que gritaba, *help, help*.

De momento, el arte y la cultura creados desde la mujer están en una especie de estación de transbordo. Están dejando un tren sin saber adónde va a ir el nuevo. Si las mujeres entramos de lleno, a partir de nuestro punto de vista diferenciado, dentro de lo que se llama Cultura, ¿qué va a pasar? ¿Qué pasará si proponemos nuevas dudas ante los grandes enigmas como hacen los hombres artistas? ¿Significará que empezará la pérdida de la inocencia? ¿La corrupción? ¿Dejaremos de ser el sexo adolescente? ¿Ya no seremos la edad dorada para el hombre? ¿Olvidaremos la vida para hacer arte? ¿Dejaremos de ser expertas en el mundo del sentimiento para perdernos en él? ¿Querrá decir que estaremos también preparadas para la destrucción y para el poder? ¿Seremos Beethoven y Hitler? Si dejamos la casa, el mundo cotidiano, nos vamos a sentir tan desvalidas que nos sublimaremos en el arte, como hacen los hombres-artistas. Tendremos que dominar, también, para disimular ante el mundo de fuera, cruel y despiadado, como hacen los hombres. Y me parece que se acerca el momento en que nos sublimaremos a través del arte y la cultura porque nos empezamos a dar cuenta de que la infelicidad no significa masoquismo ni resignación, sino que forma parte de la misma condición humana. Ahí está la ambivalencia: la pérdida de la inocencia conlleva la necesidad de creación. Es fascinante y aterrador al mismo tiempo.

La Beauvoir y nosotras[11]

Simone de Beauvoir ha aparecido ante las cámaras en Francia para hablar de sí misma. La película se llama, exactamente, *Simone de Beauvoir*.

Y aparece ante los espectadores una mujer todavía hermosa, que siempre lo ha sido, y con los músculos del rostro relajados. La serenidad de la vejez asumida está en su rostro. Aparece alguna vez con su famoso turbante que rodea el pelo color ceniza. Sus ojos azules se humedecen de vez en cuando y una lágrima resbala por su mejilla de seda (solo las mujeres de familia «bien» tienen la piel de seda). La lágrima no significa que esté llorando.

Una mujer, Simone de Beauvoir, que en la cumbre de la vida confiesa que ya ha dicho todo lo que es esencial, que su obra ya está hecha. Pero que todavía fluye. Fluye hacia el futuro mientras sea futuro. Mientras sea deseo. Simone de Beauvoir se presenta ante el espectador como una mujer vieja, no anciana, que no teme a la muerte.

Sentada con el talle de su cuerpo en posición enhiesta, atenta a las palabras de su interlocutor, Simone de Beauvoir no ha perdido el aire de «Jeune fille rangée». La «buena familia» transpira por cada poro de su cuerpo. A su lado está un Sartre tembloroso, decrépito, casi ciego, que habla algo farfalloso, pero que todavía disfruta jugando con la dialéctica de los conceptos y de las palabras.

Cuando terminó la película tuve la impresión de que la Beauvoir, un mito para las mujeres que intentan vivir la fuerza de la edad y de las cosas, no había dado totalmente un saldo de sí misma. Las cuentas no estaban claras: se había escondido algo. Me pareció demasiado inalcanzable, distante, «diferente». Claro está que tiene todo el derecho a esconder cosas de sí misma, todo el derecho del mundo, pero habría sido de agradecer que así lo hubiera expresado.

No hace mucho, una joven y tímida periodista valenciana me preguntó:

—¿Crees que la «pareja ideal» es la de Sartre y Simone de Beauvoir?

—Me parece —respondí— que esta mítica pareja se ha mantenido como tal gracias a Simone de Beauvoir.

Me di cuenta de que la chica vivía una ansiedad que ya empieza a ser común en algunas feministas españolas: la angustia de no comportarte totalmente como una mujer autónoma. Quizá un pequeño Sartre le había dicho, tras una conversación de «aprendizaje del amor», que ellos debían llegar a ser como Sartre y la Beauvoir. Y quizá la muchacha vivía horas de angustia porque sentía celos, porque se sentía al margen, porque los sentimientos le salían sin control, porque tenía miedo de ser ella misma, porque las palabras de él le parecían más «sabias» y «racionales», porque no sé cuántas cosas más...

No quise decir a la joven periodista que los mitos hacen daño porque no aclaran las dudas de la propia existencia. Que aunque un mito como Sartre o la Beauvoir se desnude ante nosotros, somos nosotros quienes tenemos que ejercer esta operación de destape moral con los propios mitos. No quería añadirle que nadie *debe ser* como Sartre y la Beauvoir. Que, por otra parte, poco sabemos de los ataques de celos de Simone y del machismo encubierto de Jean-Paul.

Puede ser que esta pareja haya hecho mucho daño a las mujeres de mi generación. Para las jovencitas quizá la Beauvoir está ya demasiado lejos. No es la pareja en sí lo que hace daño, sino el modelo, la posible alternativa. La imagen que hemos ido sacando de las memorias de madame Beauvoir. En el filme ella ya nos advierte de su posible falsa imagen y se niega a servir de modelo. Esta es justamente la posición más honesta.

La «pareja» (¿este es el nombre?) Sartre y Beauvoir se ha mantenido hasta el momento porque ella ha sabido estar detrás del filósofo. Siempre detrás de esta generación apasionada y apasionante. Detrás de Paul Nizan, detrás de Jean-Paul Sartre. Detrás del filósofo vendiendo *Libération* por las calles de París. La Beauvoir ha escrito: «El éxito mayor de mi vida ha sido Sartre. Él respondía exactamente a mis deseos de cuando tenía quince años. Él era el doble en el que yo me reencontraba. Quería compartirlo todo con él. Y una gran cosa me acababa de pasar: frente al futuro, de repente ya no estaría sola jamás». Simone de Beauvoir, pues, había encontrado, de alguna manera, a «su» príncipe. Un príncipe filósofo, existencialista, tremendamente inteligente y futuro candidato al Premio Nobel, pero príncipe al fin y al cabo. ¿Habla Sartre tantas veces de la Beauvoir como ella lo hace de él? No, y seguramente la propia Simone así lo reconocería.

Por otra parte, la generación de grandes mujeres que nos ha precedido ha tenido que engendrar a la fuerza mujeres-excepción. Para desarrollarse como seres humanos con pleno derecho han tenido que aceptar la escisión impuesta: han renunciado a desarrollarse como «mujeres» y casi han marginado el sentimiento de sus vidas. Lillian Hellman ha confesado en una entrevista que su generación tuvo que renunciar a las emociones para poder sobrevivir. Simone de Beauvoir nos dice en el filme que la finalidad de su vida es escribir y no el tener hijos. Simone de Beauvoir reivindica la *elección*. Quizá la madurez signifique elección. Estas mujeres, no obstante, tuvieron que reivindicar un cerebro propio y marginar el corazón. Su elección era constante y supongo que a menudo muy dura.

Pero hoy día ya no se puede admitir esta trampa. No se pueden aceptar las miradas compasivas de los supuestos progresistas cuando te ven preñada y exclaman:

—¿Vas a tener un hijo? ¿Y vas a echar tu «formidable carrera» por los suelos?

La vida no es una carrera. Un hijo no es comparable a una carrera. La elección no estriba entre tener hijos o escribir. Sino en hacer de carcoma en este sistema que obliga a tal elección. Si a una le apetece, hay que exigir las dos cosas y no admitir la escisión, hija de la civilización masculina. Escisión en todas partes: la amante inteligente y la esposa sumisa. El cazador en la calle y el niño que busca en el hogar el siempre seguro regazo maternal.

Si las parejas que se han formado, en las décadas franquistas y posfranquistas, no son, en el mejor de los casos, como Monsieur Sartre y Madame Beauvoir, es por la simple razón de que estas parejas son hijas de la mediocridad. Nos ha tocado vivir tiempos grises. Si no existe la pareja ideal, la verdad es que tampoco existe en España ninguna Simone de Beauvoir, pero tampoco ningún Jean-Paul Sartre. La época nos ha hecho así: a medias, contradictorios, ambiguos, corroídos por la inseguridad, por la insatisfacción. Por la decepción de años y años gastados en casi nada. Los intelectuales, por ejemplo, han olvidado que la política es una inversión a larguísimo plazo.

Simone de Beauvoir está todavía demasiado lejos de nuestras posibilidades. Quizá yo, personalmente, le habría agradecido que nos hubiera enseñado más sus debilidades. Menos hablar de la «angustia» y más hablar de «histerismo». Pues el histerismo no es más que la angustia puesta al servicio de la vida cotidiana. Pero quizá es exigirle demasiado: su época no es la de los contraceptivos y su magnífico y estimulante cerebro nos ha otorgado un hermoso regalo: *El segundo sexo*. Hay que escoger de ella, de su experiencia, de sus libros, lo que más nos convenga para salir de nuestros pozos particulares. Nuestro infierno no tiene nada que ver con el suyo. No hay que imitarla. Ni haremos 172 viajes alrededor del mundo como ella dice que ha hecho, ni habremos conocido a Mao ni a Fidel Castro. No seremos «mujeres-excepción», ni «*filles rangées*». Ni hemos pasado por la École Normale. Estamos amasadas del barro tenebroso del franquismo, del masoquismo monjil, del miedo de los años jóvenes... Bueno, ¿y qué? Pues, que si sabemos esto empezaremos a salir de este marasmo mediocre y pueril. Y si los pequeños aspirantes a Sartre se dan cuenta de que también son hijos de la mediocridad, se habrá dado un importante paso adelante: el de pensar que el único proceso vital que puede llegar a ser apasionante es el que uno/una se va forjando día tras día.

Trans*histórico*

Princesitas de noche[1]

Reinas y princesitas
de la noche.
Muñequitas del placer,
¡salid a la luz del día
y ejerced vuestro poder!
Bellas durmientes,
cenicientas desencantadas,
apretad todos los dientes,
se acabó el cuento de hadas.

Samantha

Bella con pene

Bibi Andersen se movía cimbreante en el escenario. Elevaba cuidadosamente una rodilla rosada y pulida. Daba la vuelta sobre sí misma echando hacia atrás su larga melena y entornando suavemente sus dulces ojos. Parpadeaba poco. Pero cuando lo hacía, se notaba en la sala un leve estremecimiento de placer. O de promesa de placer. Sus pechos eran pequeños y graciosos. Como dos manzanitas. Llevaba una bata ligera como las alas de una mariposa diurna. Una bata que tapaba casi pudorosamente la entrepierna. Cada vez que la bata se abría un poco, Bibi pedía perdón con la boca y la mirada. Como una niña. Una larga, larga y sofisticada muñequita que aspira a mecerse en los brazos protectores de un príncipe. Y aquella noche, la sala estaba llena de príncipes. Príncipes sabios e intelectuales que se habían reunido para celebrar el estreno de la película *Cambio de sexo.* Intelectuales que admiran a Philip Marlowe y que humedecían sus labios en whisky mientras seguían las vueltas y más vueltas de Bibi. Príncipes sabios, frustrados, casados y con un pie entre el adulterio y el orden que absorbían, desde sus intestinos, todos los movimientos de la bella Bibi. Bebían, desde lo más inconfesado de su ser, aquella figura de piel tersa, de seda. Y los pechos. Y la mirada. Y promesas, promesas, promesas.

En la semioscuridad les podía observar. No cabía el disimulo. Todos mis genios locales, casaditos, grandes padres de familia, fieles firmantes de cartas izquierdosas, se hallaban atrapados en la telaraña de Bibi, la hermosa promesa. Todos conocían el final del acto. Pero daba igual. Preferían pensar que no sabían nada. Estaban admirando a una bella hembra, síntesis de siglos de cultura «femenina», estaban bebiendo años y años de arduos trabajos para estilizar el ejercicio de la provocación, de la insinuación. Así se alargaba el deseo, y no hay nada tan excitante como lo que se promete y todavía no se tiene.

Por fin, la princesa Bibi redondeó como asombrada sus sedosos labios: la bata se le abría. Ella no quería, pero la bata se abría, se abría. En la sala había un denso silencio, como si hubiera llegado el número de circo más peligroso. Lejanos, y en cada corazón, una podía imaginarse los tambores del deseo. En un abrir y cerrar de ojos, la pirámide se plantó con las piernas abiertas ante el público. Desafiante, mostró su trofeo: un pene rosado, largo y hermoso como un badajo de campana mayor de catedral. Los intelectuales contemplaron en silencio la octava maravilla, el sexo completo. La perfección. La mujer, pues, no era mujer y, por lo tanto, no era sexo puro. La mujer era como ellos. La mujer era el falo. Ellos eran la mujer. ¡Excitante simbiosis!

¿Dónde estaba mi sexo? ¿De qué valía, pues, mi agujero húmedo? Daba igual que siglos y siglos de acabado refinamiento hubiesen estilizado el cuerpo de la mujer, perfeccionado su andar, cimbreando sus movimientos, trabajado su parpadeo. Salomé tenía que ser un *travestí.* El sueño de muchos homosexuales es dedicarle la danza de los siete velos a su amado. El pene sigue siendo el rey. A una se le caen los pechos por el desgaste de las maternidades. Tiene la menstruación cada mes. Asume el ser mujer desde el pozo de lo inevitable. La princesa Bibi no ha nacido mujer. Ha elegido ser objeto de la vanidad masculina. El hombre, deseando a la princesa Bibi, se desea en cierto modo a sí mismo. Lo tiene todo. Maravilla de las maravillas.

Después se encendieron las luces y cada cual recuperó su imagen. Los intelectuales volvieron a aniñar sus facciones y a representar el papel de Marlowes frustrados. Pero algo había pasado: el sexo ya no era lo que era. Lo que representaba. Incluso el sexo, hoy día, ha dejado de ser verdad. ¿Dónde está el sexo, Dios?

EL SOL Y LA LUNA

En la antiquísima Babilonia, el héroe Gilgamesh se encuentra con la serpiente, portadora mítica y fálica de la inmortalidad. La serpiente le arrebata la planta marina que posee la propiedad de dar una nueva juventud a quien come de ella. El héroe sumerio conoce, de esa forma, que las cosas son perecederas. La tragedia del destino humano se basa en la idea de la muerte, pero también en que no es posible la síntesis entre los dos sexos. El mito hebraico, que parte de la lejana Babilonia y crece en las tribus nómadas y pastoriles del Asia y el Islam, señala que la mujer nace del hombre y que la escisión entre los dos sexos se basa en la superioridad del uno sobre el otro.

Pero, aunque la tradición judeocristiana y sus precedentes marquen la división de manera taxativa, la verdad es que la realidad siempre se ha escapado de esta ley. El género no es el sexo. Incluso la Biblia muestra dos versiones del nacimiento de los sexos. En la primera, Dios crea al hombre y a la mujer a su imagen y semejanza. Y les dice: «Sed fecundos y multiplicaos, poblad la tierra y dominadla, someted los peces, los pájaros, las bestias y todos los animales que se arrastran por el suelo». El segundo relato de la Creación, de la «escuela jahvista», dice que Dios hizo al hombre del polvo, sopló en su nariz, donde introdujo un aliento de vida, y el hombre se convirtió en un ser vivo. Dios creó luego el jardín del Edén, con el árbol de la vida y el árbol del conocimiento del bien y del mal. Surgió entonces la prohibición: no se podían comer los frutos de este árbol. De lo contrario, el hombre conocería la muerte. Dios se dio cuenta de que el hombre necesitaba una compañera. Y así fue escrita la historia de la costilla y demás. Se preparó todo para contar la primera culpa del hombre, que llegaría a través de la manzana y la serpiente. El hombre sería castigado a trabajar. La mujer, a parir. Dos castigos diferentes para dos sexos. Dos mundos.

Durante siglos, la cultura y los condicionamientos sociales han escindido al hombre y a la mujer. Se ha dicho que todo lo «masculino» pertenecía al mundo del hombre y todo lo «femenino» al mundo de la mujer. Aquel de los dos sexos que escapara a esa definición recibiría el castigo de Dios. El hombre sería la agresividad y la acción. La mujer, la pasividad y la abnegación. Las cualidades masculinas estarían condensadas en los testículos, el pene y el escroto. Las femeninas en el útero y en la ausencia de pene. En la nada y en el refugio interior. Con el pecado había nacido la diferencia de papeles. Con la ley, esta se codificó hasta hoy. Lo que Pablo había escrito en la Epístola I a Timoteo: «La mujer debe callar, pues Adán fue creado en primer lugar, y Eva después que él; y no fue Adán quien resultó seducido, sino la mujer quien, al serlo, cometió la falta».

En la Biblia, el que ha sido seducido por una mujer lo paga caro. Su castigo es el «afeminamiento». Ser dominado por una mujer, por un ser inferior, es mucho peor que resultar muerto honorablemente en combate. Así lo canta Milton en su poema *Samson Agonistes*: «Mas la inmunda feminidad me haría / esclavo condenado de su yugo; e, indigno / mancillar el honor y la religión; servil / flaqueza servilmente gratificada...».

Pero los estudios de la Antropología nos han mostrado hasta qué punto nuestra cultura, heredera de la tradición judeocristiana, ha marcado dos roles diferenciados que nada tienen que ver con los genitales. Margaret Mead escribió en *Sex and Temperament in Three Primitive Societies*:

> [...] Ni los arapesh, ni los mundugumor sacan provecho del contraste entre sexos; el ideal de aquellos es el hombre pacífico y solícito casado con una mujer pacífica y solícita; el ideal de estos es el hombre agresivamente violento casado con una mujer agresivamente violenta. En la tercera tribu, los tchambuli, encontramos una inversión de las actitudes del sexo según nuestra propia cultura, con las mujeres desempeñando un papel dominante, impersonal y director, y los hombres como personas menos responsables y sometidos emocionalmente [...]. Si estas actitudes temperamentales que tradicionalmente hemos considerado femeninas —tales como pasividad, solicitud y ternura hacia los niños— pueden presentarse tan fácilmente como el ejemplo masculino en una tribu, y en otra quedar proscritas para la mayoría de mujeres al igual que para la mayoría de hombres, ya no disponemos de una base firme para considerar tales aspectos de conducta como algo propio del sexo.

No, no hay una base firme. Sin embargo, mis intelectuales recuperaron las razonables apariencias del macho así que las luces hicieron desaparecer la ilusión-promesa de la princesa Bibi. Quizá lo bueno sea la síntesis. Pero por el momento no es más que una vieja aspiración. Platón, en su *Banquete*, dice que los dioses formaron primeramente al hombre en figura esférica, integrando los dos cuerpos y los dos sexos. La Alquimia presenta al Rebis o ser Andrógino como uno de los caminos de la felicidad. Se trata de la conjunción de los opuestos y el cese del tormento de la separación de los dos sexos. Del sol y de la luna. El principio masculino y el principio femenino. Heráclito de Éfeso, mucho más dúctil que Platón, vio que la oposición de los contrarios, su lucha, constituye el principio de la vida. Al mismo tiempo, la unidad del Cosmos increado y eterno aleja de todo caos esos términos opuestos que ella limita uno en función de otro. El motor de la vida del Universo está formado por la tesis-antítesis fundamental entre lo uno o lo permanente y el cambio. Pero estos contrarios nada tienen que ver con el hombre y con la mujer. De otro modo, ¿cómo me explican la existencia de la pasiva-excitante-provocadora princesita Bibi?

Samantha, cabaretera rockera y algo más

¿Qué símbolos representa la hembra para que vestirse como una mujer resulte tan excitante? Aparentar el otro sexo significa transgredir la ley. Fenómeno antiquísimo. El cruzado a la derecha para los hombres y a la izquierda para las mujeres que establece la moda del vestir es tan antiguo como Babilonia. Cuando hacía falta disfrazarse, los sumerios prescribían hace cuatro mil años: «Que las jóvenes crucen su vestido a la derecha, según hacen los hombres, y los hombres a la izquierda, según hacen las jóvenes».

La historia y la literatura —o el arte en general— nos muestran infinidad de tipos distintos de *travestís*. George Sand se acogía a la apariencia del macho porque esta simbolizaba el poder y era el único modo posible de ejercer de persona. En el teatro, los hombres que han representado el papel de mujeres durante siglos hacían, de alguna manera, travestismo, aunque no significase ninguna revuelta personal. La protagonista de *Rigoletto* paga con la muerte el haberse disfrazado de hombre. *Orlando*, el cambiante personaje de la Woolf, está concebido primero como hombre y luego como mujer para mostrarnos hasta qué punto el sexo no determina el carácter. Solo si has sido antes «hombre» puedes entenderlos cuando pasas a ser «mujer». O al revés.

Entre los mitos más antiguos está Tiresias. Tiresias se trocó en mujer tras haber separado con su bastón una pareja de serpientes mientras se acoplaban, y luego volvió a convertirse en hombre al repetirse el mismo incidente. T. S. Eliot definió en *The Waste Land* a Tiresias como «un hombre viejo con arrugadas tetas para asumir la abyección». Lo mismo, Scobie, el personaje de *El cuarteto de Alejandría*, de Durrell. O el ladrón de Jean Genet. Cuando un ser con apariencia de macho adquiere las formas externas de una mujer hasta llegar a interiorizarlas, el hecho representa una degradación. Todo lo contrario de cuando una mujer se viste de hombre. Las ropas de varón dignifican. Las de hembra humillan, marginan. Los travestís son los desterrados de nuestra sociedad. Un homosexual puede ejercer de hembra en el mundo interior al mismo tiempo que se aprovecha del poder gracias a la apariencia de varón. Un travestí, no. Un travestí asume la *diferencia* desde las cloacas del segundo sexo. Es una opción voluntaria y, por lo tanto, inquietante.

Samantha es hermosa. La conocí en un coloquio sobre la homosexualidad. Estaba sentada al lado de un homosexual vestido con ropas masculinas (que tenía, por cierto, un irritante aire de superioridad y de ambigüedad ficticia) y de una lesbiana que vestía como un hombre descuidado. Aquel día me pareció Samantha la más «femenina» de sus compañeros, vestía como una secretaria americana tipo *Reader's Digest*. Era la única que llevaba falda y unas altísimas botas de cuero.

Entre los antepasados de Samantha hay judíos, militares formados en el Imperio Austrohúngaro y miembros de la Iglesia metodista. En Perú tiene unas tías viejísimas que se morirían del susto si se enteran que Samuel, su sobrino «artista», se convirtió en Samantha. Ha viajado mucho, fue bailarín clásico y contemporáneo, patinador artístico, alma del *music-hall* más depurado. Conoce toda Europa. Es un ave nocturna. Dice que se siente druida y, como es natural, «hija de la noche». Así que le gusta ir vestida de negro.

Samantha tiene el cuerpo como un junco. Unas largas y estilizadas manos y unas piernas que lanza al aire como si lo acariciara. Samantha es una triunfadora. Samantha sabe lo que quiere. Se niega a ser un mito.

—No, no soy un mito —afirma—. Ni el de la liberación sexual con eso del destape. Ni el de la liberación emocional con eso del rock. Soy una cabaretera rockera y algo más. Este algo más es mi espíritu.

Samantha ha sido el líder de los *travestís* en Barcelona. Sabe lo que es la peligrosidad social. Sabe sus riesgos. Pero tiene suficiente cultura para entender lo que le pasa. Lo que quiere ser. En el coloquio dijo:

—Genéticamente, me siento militante *gay*. Psíquicamente, soy feminista.

Samantha, en España, es extranjera. Para poder ser española tendría que casarse con una mujer. Si vive con un hombre seguirá siendo extranjera. Samantha no se ha hecho ningún tipo de operación porque, asegura, «no tiene ganas de manipular su cuerpo». Aunque Antonio, de quien vamos a hablar en seguida, afirma que «le han dicho que no tiene arreglo, lo suyo no se cura ni en Lourdes».

Del patinaje artístico y la danza al *music-hall*. Del *music-hall* al rock. Samantha estaba durmiendo en el suelo. Despeinada como una muchacha progre que va por el mundo muerta de sueño y sin tiempo para acicalarse. Estaba en el estudio desde la mañana para grabar unas cintas de su disco rockero. Tras el micrófono, en una esquina y bajo una luz mortecina, tres hombres —dos blancos y un negro— de desigual estatura repetían primero con brío pero luego más cansados: *Superman, Superman, Supermaaaaan*. La última voz decaía considerablemente. Samantha me asegura que me ha esperado durmiendo y sin maquillar porque yo soy una mujer y no hay «por qué disimular». Le toca el turno a Samantha y canta, suavemente, el rock de *Superman*. Alguien le dice que le falta agresividad y ella responde:

—Soy una mujer que canta rock. ¿Por qué tengo que cantarlo como si me pinchara heroína?

Samantha me mira con complicidad y me manda un gesto que viene a expresar algo como: «¿Te das cuenta?». El hombre insiste con la teoría de la agresividad. «Cantas de un modo demasiado melódico», le dice.

—Es un problema de fuerza, no de agresividad. Me identifico más con los grandes volcanes, con la Piaf, Brel...

Cuando Samantha actúa se burla de su imagen. Provoca pero va más allá que Bibi Andersen. Es una princesa dispuesta a romper el hechizo. Seduce al hombre, lo atrapa y luego se ríe de él. Ha aprendido de las mujeres más inteligentes algo que podría llamarse la «ironía de la feminidad». Graciosamente da la vuelta a eso que se llama «sentirse mujer». Por la calle Samantha menea el culo con discreción. Con la discreción y la agilidad de un pájaro que danza sin que nadie lo advierta.

Podríamos decir que hay tres clases de *travestís* y Samantha los clasifica así:

1. El *travestí* que hace la carrera para satisfacer las necesidades del cuerpo.
2. El *travestí*-artista de variedades.
3. El *travestí*-espíritu (transformistas, etc.).

En nuestro país los que consiguen el segundo rango se consideran triunfadores. Ya no hacen la calle. Tienen trabajo fijo. Pero su «arte» se limita a mostrarse como una mujer-que-baila-maravillosamente y que al final muestra su pene. Si se niegan a enseñar el pene, no encuentran trabajo. Pocos, poquísimos, consiguen el tercer rango. Samantha y Pavlovsky están entre ellos. Y madame Arthur.

Samantha vive con un joven que fue en su día Míster España júnior. Había sido portero del «Barcelona de Noche» y se llama Antonio. Tiene el cuerpo fuerte, musculoso, y el rostro de profesor de filosofía despistado. A Antonio le gustan los tebeos, hacer de amo de casa y que le dejen tranquilo. Tiene el alma noble y el espíritu infantil. Lo que pasa es que, si se enfada, se le van los puños. En su apartamento hay una pared blanca llena de marcas. Son los puñetazos que da allí Antonio cuando se enfada con alguien. Su puño puede destrozar cualquier cuerpo, comenta Samantha con admiración.

Antonio y Samantha nos reciben en un apartamento desordenado. En un lado está el lecho, que huele todavía a caliente. Antonio nos comenta lo difícil que resulta limpiar la moqueta. Samantha tiene la figura de mujer, pero es quien hace de cazador y trae el dinero a casa. Antonio tiene el cuerpo de hombre tarzánico y le encantan la casa y los niños. De vez en cuando, Antonio se queja de que Samantha no le ayuda a fregar los platos por miedo a que se le estropeen las uñas. En las paredes del apartamento hay carteles con mujeres en todo tipo de posturas obscenas. En una de ellas, se ve la raja casi sangrante de una muchacha. Pilar, la fotógrafo, y yo comentamos que nos da asco. Antonio y Samantha, que tienen pene, aseguran que a ellos no. Los pósters son de Antonio. Y le gustan porque son «cuerpos». Hay también varios hombres de recia y aceitosa musculatura. Piel de duros pliegues, brillante. También está el gran mito de los hombres modernos: Superman. Samantha nos dice que Superman es un travestí «que militaría en UCD».

—¿Cuándo fue exactamente el paso de Sammy B. Vázquez a la actual Samantha?

—Fue un paso progresivo. Pasé de lo que se llama un «animador raro», *entertainer* a lo *Cabaret*, a una imagen mucho más ambigua. Fui discípulo de Lindsay Kemp, luego hice patinaje y mi maquillaje era de mimo. Me vestía de mujer en mi trabajo, pero por la calle iba de hombre en plan reaccionario. Quería mostrar que «en el fondo yo era un señor».

—Hace un año, exactamente, Samantha iba de señor por la calle —dice Antonio— con un abrigo horrible que parecía de pieles de gato. Pero iba a la peluquería, se hacía la depilación y toda esa porquería.

—Pero, bueno, ¿qué hace que decidas cambiarte de hombre a mujer?

—Porque cuando iba de hombre era un desperdicio clínico —responde Antonio.

—La verdad es que yo no me daba cuenta de lo que pasaba en la calle. En Suecia trabajaba de noche y dormía de día. Me maquillaba en casa. Pero ya actuaba vestida de mujer...

—¿Por qué?

—Me sentía más cómoda. Tenía una barba que me crecía cada ocho horas. Luego empecé a depilarme a la cera. La cara tenía en esa transformación un rol importante. Hubieran dicho: «Esto es un tío disfrazado de tía». Ahora ya dicen: «Es un travestí».

—¿Crees que ahora se respeta más a los travestís?

—Bueno, quizá porque eres Samantha...

—Seguramente hay travestís que tienen que arreglarse más. O disimular. Antes escondía la voz. Cogía un taxi y procuraba hablar con voz de mujer: «Por favor, lléveme a la plaza de Cataluña». A veces se cachondeaban y me decían: «Vaya, vaya, qué pena, cómo están las cosas y con esta boca que tienes». Las hay que van más acomplejadas.

—¿Por qué un travestí no puede ser ministro, o director de un Banco o guardia urbano?

—Es esto lo que pretendo: eliminar todo lo que sea disfraz, las plumas y las lentejuelas. Una Bibi Andersen no ayuda: es tan artificial como una Tania Doris. Yo quiero ser una chica cualquiera. Por eso canto rock. Sé que no soy genial en todo lo que hago. Puedo no cantar bien. Pero es que no quiero ser la mejor, sino hacerlo. Como una mujer que quiere ser piloto de aviación: se le exige que sea cinco veces mejor que un hombre. A una mujer, como a un travestí, no se le perdona la mediocridad... Sé que no soy perfecta, aunque sea fotogénica y tenga curvas...

—Sí, sobre todo curvas —dice Antonio, con cierta ironía.

—¿No será que os permiten ser travestí mientras seáis lo «excepcional»?

—Exacto. Por eso no aceptaría ni dos millones de un tío para quitarme la nuez, para suavizar mis pómulos, hacer crecer mis senos o convertir mi fonética en nasal para hablar como una señorita.

—¿Cuál es, pues, tu filosofía?

Samantha mira de reojo a Antonio y le dice: «¿Por qué no te vas?». Antonio no quiere irse. Quiere escuchar y Samantha dice que no quiere hablar de estas cosas delante de Antonio, no porque Antonio no las sepa, sino porque él las practica sin saberlas. Antonio dice, «¿Os pensáis que porque tengo tanto cuerpo no tengo sesos, o me queréis comer el coco?». Samantha insiste: «¿Por qué no te vas, vamos, anda, vete a pasear un poco». Y Antonio replica, airado, que a él en la calle no se le ha perdido nada. Que se aburre, que le gusta estar en casa. Por fin, Antonio se va. «Si por lo menos tuviéramos perro, lo pasearía», suspira Antonio con aire de resignación.

—Mi filosofía es la siguiente —prosigue Samantha—. Primero, conócete a ti mismo. Segundo, ama al prójimo. Tercero, identifícate con la Humanidad, tanto como persona que como artista. Ves, esto va más allá del fenómeno del travestismo. Si estuviera en la época en la que el único ballet que viéramos fuera el del Liceo, militaría en las filas vanguardistas del ballet contemporáneo. No hay por qué patalear más. Lo que reprocho a Lindsay Kemp es que solo haciendo teatro pueda asumir que un hombre haga de mujer. Entonces el teatro no se vincula a la vida.

—Planteas un problema interesante: ¿crees que el arte puede ir por un lado y la vida por el otro? ¿Samantha desaparece cuando sale a la calle?

—Creo que soy yo misma en el escenario. Y ya está. Yo podría «hacer» de Nuria Espert. En ningún momento Samantha es un personaje ficticio.

—Antes te he preguntado por qué un travestí no puede hacer un trabajo digamos «normal».

—Creo que lo que no interesa es el «arte del travestismo». Yo quiero salir por la tele como una cantante más. Quiero que el público reaccione ante mí como ante una persona. Y basta.

—¿Cómo ve la «feminidad» un travestí?

—Generalmente, la ve de manera artificial.

—Bueno, ¿y qué es para ti la feminidad?

—Significa tener una gran receptividad y un psiquismo más vulnerable. La mujer demasiado femenina es un laberinto.

—¿Te sientes lejos o cerca de las mujeres?

—Me siento más cerca de ellas que de los hombres.

—¿Por qué?

—Ante todo porque creo que la mujer hoy día es un ser más creativo, más interesante, que el hombre. El hombre ha construido un mundo materialista. En la cultura occidental el hombre ha dejado de lado la creatividad. En el Oriente los hombres pintan vasos de flores y no creo que se sientan menos «hombres»... Yo no me vinculo con el sistema machista.

—¿No será que te es fácil, en el fondo, asumir el mundo llamado «femenino» porque en ti la elección es más racional? Quiero decir que tú nunca vas a ser madre...

—Evidentemente. Pero una bailarina también se lo plantea. Sabe que para bailar bien tiene que esperar a ser madre por lo menos hasta los treinta años.

—Sí, pero ella tiene una posibilidad en la vida que tú no tienes. ¿Nunca has sentido la necesidad de tener un hijo?

—No... Antonio, sí; él ama mucho a los niños. Pero para mí lo dominante es la búsqueda de la felicidad.

—Y ¿crees que existe?

—No... Pero creo que soy feliz.

—¿Por qué crees que eres feliz?

—... Lo soy cuando descubro las razones de mi angustia. Y ahí entra el rollo del rock. No canto rock por angustia sino por alegría de vivir. No sufro como rockera barriobajera.

—¿Has sufrido sentimentalmente?

—No, soy bastante cínica. Siempre me ha fascinado la ambigüedad. Intento transmutar la agonía en éxtasis. Mi angustia es realizarme como persona buscando un equilibrio interior.

—Y, siendo mujer, ¿es posible ser persona?

—Cambiar de sexo para encontrar la felicidad es como cambiar de partido político. La estás buscando en un camino equivocado. Como mujer asumo mi feminidad y como hombre mi masculinidad. Yo me considero persona y esto no me lo quita nadie. Aunque me traten como a un objeto.

—¿Crees que hay travestís que asumen ser mujeres con el fin de ser tratadas como un objeto?

—No... Creo que la gran venganza del travestí-mujer es engañar al «cliente» que la ha tratado como una puta. Para mí la ambigüedad es el equilibrio, están en ella las fuerzas que se anulan.

—¿Crees que la mujer, que no ha elegido su sexo, también puede alcanzar este equilibrio? No deja de haber en el travestí cierta «grandeza» en su sacrificio...

—Pero fíjate que el macho solo reconoce en la mujer lo que la acerca al machismo: que la mujer sea policía, piloto de aviación, que calce botas, que vaya en moto... El hombre está en desventaja. Encuentro que la represión que sufre el hombre es peor; no puede escoger. Al hombre le gusta que la mujer asuma su personalidad, agradece que la mujer admire las características masculinas.

—¿Cómo se comporta el hombre ante el travestí?

—¿El hombre «normal»?

—Sí...

—Le inquieta. Porque le recuerda su feminidad. El travestí asume todas las cualidades magnéticas de las mujeres. Destruye el mito de que la feminidad es monopolio de las mujeres.

—¿Te das cuenta de que tú atraes a las mujeres?

—Sí... Y no sé por qué. No sé si por afinidad o porque nos complementamos. De Antonio, no me gusta su «cuerpo». Me gusta porque es noble y no se deja enrollar. La gente lo interpreta como si me gustara el «macho». En el fondo, es más femenino que yo: le encantan los niños, se queja de que la moqueta se ensucie...

—Y tú, ¿actúas como un «hombre»?

—Yo soy quien trabaja fuera. De vez en cuando Antonio me tiene que rogar para que yo friegue los platos. Y yo le digo que no porque llevo las uñas pintadas.

—¿Cómo has aprendido a representar el papel femenino?

—Por identificación. Por ejemplo, veo a Liza Minnelli muy cerca de mí.

—¿Has tenido que imitarnos?

—Sí... Lo he hecho por mimetismo. Sin embargo, luego me he adaptado a mi manera.

—Das la sensación de que estás reconciliada con el sexo femenino.

—Mucho más que con el masculino. No me veo haciendo lo que hago siendo un tío. Un tío «dulce» es algo muy aburrido. No hay nada más empalagoso que Camilo Sesto. Me identifico más con Raffaella Carrà. A nivel espectacular, prefiero más una tía femenina con energía interior que un tío con aspecto de camionero y sensibilidad de gallina.

—¿No será que en Camilo Sesto lo que se llama «sensibilidad» no es auténtico? Quiero decir que a mí me fascina la sensibilidad de un Jacques Brel, por ejemplo, y, sin embargo, es un hombre...

—Sí... Es el mismo caso de Raphael. Me encanta su fuerza, pero me fastidia la mariconada.

—¿Qué hay de ti, entonces, que sea «masculino»?

—Bueno, mi componente femenino es la intuición, la contemplación, la absorción. Mi elemento masculino es mi voluntad de hierro, mi racionalismo, frío, complementado con la paciencia femenina. He reinterpretado los símbolos herméticos: yo estoy en el punto medio de la cruz. En lo andrógino se unen lo masculino y lo femenino. Arriba está lo sagrado. Abajo, lo profano. A la izquierda, el agua. A la derecha, el fuego. Arriba, el aire, Dios. Abajo, la tierra, la Humanidad. En el centro está Samantha.

Kati o la matanza del pecado

Gianfrancesco Poggio Bracciolini, famoso erudito florentino, gran conocedor del mundo clásico y secretario de ocho papas, cuenta en el *Liber Facetiarum* la siguiente historia:

> Uno de mis parientes se encontró una noche que paseaba por la ciudad con una figura que le pareció una mujer y muy hermosa; y se la tiró. De repente, ella, con el fin de asustarlo, se transformó en un hombre feísimo y le dijo: «¿Qué has hecho, idiota? ¡Te he engañado!». Pero el otro, sin tenerle miedo, contestó: «Está bien; entonces ¡yo te he dado por detrás!».

Bracciolini, un hombre del Renacimiento y de curia, eruditísimo, cosmopolita, y que acabó siendo canciller en Florencia, cuenta una simple historia de un *travestí-puta.*

Desde la muerte de Franco, hombres que soñaban con ser mujeres han ido saliendo de las madrigueras de la ilegalidad. Antes tenían su día durante el carnaval de Sitges. Ahora, cada día es Carnaval. Van en grupo o solas, por la Rambla de Catalunya o la

Rambla de Capuchinos, se pasean desafiantes y provocadoras, sin la aprensión o temor de las que han nacido hembras. Estas se sientes agujereadas simbólicamente por la calle, notan miradas de fieras que las desnudan mentalmente. Han nacido hembras y no por voluntad propia. Por el contrario, los travestís lo han elegido. Dice un anuncio de *travestís*: «[...] Los *travestís* se disputan el terreno con las profesionales del amor de toda la vida. En general, jóvenes hormonados y pechugones y otros no, para que haya donde elegir, sus precios son similares a los de las señoras de la zona respectiva. Las tarifas son variables, yendo de las 2.000 a las 5.000 pesetas».

Kati me recibe con rulos en la cabeza. Va vestida con una bata. La pensión rezuma tristeza y ausencia. Luces mortecinas. Habitaciones donde viven familias enteras. Pasillos laberínticos. De vez en cuando asoma una cabeza rizada que pide a gritos la cera para depilarse la barba. Kati mueve las manos, pequeñas y regordetas, como una vieja de pueblo alisando el mantel. A Kati la llaman también *La Chata*, pero ella odia el apodo. Y la llaman así porque tiene la nariz rota, nariz de boxeador. «¿Crees que se puede tener éxito con una cara así?» Kati, antes, tenía mucha fuerza, mucha. Y, si se pegaba con alguien, siempre ganaba. Hacía mucho deporte.

En una habitación donde no entra la luz del sol, Kati se sienta en una punta de la cama y habla, habla. Un lavabo con un espejo picado y un estante lleno de potingues. Un fogoncito que sirve para hacer la comida y calentar la cera de la depilación. En las paredes desconchadas, pósters de mujeres y, cómo no, de Superman. Están, divinas y desnudas, Bárbara Rey y Agatha Lys: «Y no porque me gusten las mujeres». Kati a quien se comería vivo es a Superman, eso sí, que está buenísimo. Sobre todo cuando va volando...

Para las fotografías, Kati se pasa un largo rato ante el espejo. Los labios de un rojo sangre, maquillaje fuerte, casi de color de barro. Al lado del espejo, hay una virgen *kitch* rodeada de flores luminosas. A cada momento entran sus amigas, las travestís de la pensión que también hacen la calle. Una le pide las medias, la otra la cera, otra un cigarrillo. En bata y con un cierto aire encantado y desaliñado. Está también, a su lado, una joven travestí a quien Kati inicia. Porque Kati es ya mayor y muchas la llaman mami...

Kati hace solo dos años que es *travestí.* Empezó a hormonarse a los 33. Me enseña los pechos, menudos y fuertes. «Toca, toca, ¿verdad que están bien?» Pechos que miran cada uno a su lado. Que nada tienen que ver con las tetas caídas de la mujer-madre. Kati se destrozó el cuerpo en la mili. Antes lo tenía muy bien, pero el régimen militar es fatal. Kati no amaba la mili. No quería ser soldado.

Por temor a la familia Kati no se ha hormonado hasta muy tarde. Kati lleva dentro eso de ser «mujer». Sabe que no lo es, claro, pero daría cualquier cosa por serlo.

—Me siento mujer —me dice—. No sé cómo explicarlo... No veo diferencia entre tú y yo. A lo mejor me siento más femenina que tú. Nosotras las *travestís* nos maquillamos mejor que las mujeres. Hoy día las mujeres van un poco descuidadas. Yo, cuando me siento mejor es cuando voy más arreglada. No tengo complejos.

Kati dice que cuando llega a cierto extremo saca las dos partes, la femenina y la masculina. Cuando actúa como un hombre es cuando se enfada y se pelea. Kati dice a su joven compañera:

—Tú lo sabes, soy un bestia.

—No lo sé, cariño. Soy mujer en todos los conceptos.

Kati no puede consentir que la avasallen. Pero Kati sabe que ha perdido su anterior fuerza, en la mili era un hipopótamo. Ahora tiene que aplacarse a la fuerza, e incluso ha llorado de rabia al ver que no puede defenderse como antes. Niños que van de golfos agreden a las *travestís*, les roban, les pegan. Kati no cuenta historias de chulos porque tiene miedo de que, de publicarse, la maten.

Los clientes de Kati son «hombres-hombres» que se han cansado de la esposa y que también van de putas.

—Son hombres que se aburren o que quieren cambiar, y que dicen, voy a probarlo. Siempre vuelven.

La joven compañera añade que son «hombres» decentes que, de repente, han descubierto que les encanta que les den por de trás. Así, muchos van con *travestís* porque estas tienen pene. Kati recuerda a un cliente que se presentó con su esposa para hacer «números». Tenían cuatro hijos.

—Algunos de esos clientes vienen los sábados y domingos a pasear por las Ramblas con su mujer y sus hijos y se ríen de nosotras.

—Y a lo mejor son más «femeninas» que nosotras —añade la compañera de Kati—. En la cama se les conoce...

Kati se siente humillada y le gustaría trabajar en algo que le guste. Pero ¿quién le va a dar otro tipo de trabajo vestida así? Ni para limpiar, ni en una fábrica. Ni de camarera, que es el trabajo que hacía antes. Sin embargo, Kati se niega a vestirse de hombre. Nunca más, nunca más va a vestirse de hombre. ¿Por qué, si se siente mujer? A Kati los niños le encantan. Se cortaría un brazo por tener uno. Pero ¿quién le va a dar trabajo para cuidar críos? Y no es que tenga envidia a las mujeres, no. Solo, alguna vez, desearía poseer la cara o el cuerpo de algunas. «Me gusta hablar con ellas para parecerme a ellas. Las veo como amigas, aunque no me gusten... Entre nosotras no coqueteamos. Aunque me molesta lo que hacen algunas travestís, que gritan y hacen tonterías. Esto no lo hace una mujer normal.» Kati, cuando iba de hombre tenía novia, pero no se casó con ella. Ahora la novia está casada y con hijos. La novia incluso llegó a proponerle volver con ella. La novia quería mucho a Kati y por ella habría dejado a su marido.

Kati ama a su madre locamente, la adora. Y lo daría todo para que su madre se fuera a vivir con ella. Pero las hermanas no dejan marchar a la vieja. Desde pequeño, su madre se dio cuenta de que Kati era distinto a los demás niños.

> —Mi madre decía: ¡qué niño más curioso! Me dejaba jugar como una niña, con muñecas. Limpiaba la casa, lavaba las prendas.
>
> —A mí, desde pequeño, ya me gustaban los hombres —observa la compañera de Kati.

La familia de Kati era pobre. El padre se alcoholizaba. Kati entró a trabajar en una fábrica a los ocho años. Hacía los recados. Dice que allí le violaron y que el médico tuvo que darle tres puntos. Quizá desde aquel momento Kati empezó a sentir odio. Pronto aprendió que de aquel «daño» que le hacían podía sacar dinero. «O me das dinero o se lo digo a mi mamá», decía al violador. Sacaba muchos duros. En aquellos tiempos en su casa se pasaba hambre y su madre estaba contenta al ver cómo el pequeño se las sabía arreglar en la vida.

«Pasaba mucha hambre, no quiero acordarme.» También recuerda el frío. A los doce años Kati iba con sus amigos a recoger fruta al campo. Dormían allí y hacían muchas perrerías. «¡Qué lindo era todo aquello!» Kati trabajó más tarde de albañil. Luego plantó a la novia, que se llevó un gran disgusto, y se fue a Palma. En Palma Kati hizo de todo: friegaplatos, valet de hotel, camarero... Kati enseña ahora fotos de aquellos tiempos. Ya no es el robusto muchacho con cara de pueblo de cuando hacía la mili. Está más delgado, lleva una camisa floreada y un pañuelo anudado al cuello. Mira de reojo al recio macho que apoya su brazo en el hombro de Kati, como protegiéndole... Kati todavía va vestido de chico. Estas fotos son de cuando todavía era «normal».

—Antes era «normal», pero no me veía «normal». Ahora me veo normal conforme a lo que quiero ser.

En Palma, Kati empezó a hormonarse, a tomar pastillas, inyecciones. Así le fueron creciendo los pechos. Endureciendo. Una mujer, dice Kati, no puede hormonarse porque se afectaría la menstruación. Si se deja de hormonar se rebajan los pechos. Eso de hormonarse afecta «ahí abajo». Se siente impotencia, no eyacula, tiene flujo. Aunque Kati hace de puta para hacer el amor y por eso se le levanta. A Kati le gusta hacer de mujer con el cliente y si tiene que hacer de hombre es porque no hay más remedio, es por el dinero. Kati cree que ahora tienen tanto éxito con los hombres porque su agujero es más pequeñito que el de las prostitutas. «Muchas de ellas han tenido hijos y su agujero es muy grande, no hay gusto». Kati considera que si una mujer no se lo deja hacer por atrás es por vicio. Kati no lo concibe porque la Naturaleza les ha dado otra clase de «agujero». Este agujero que Kati suspira por tener. Qué más quisiera ella, que la operaran y le sacaran la «cosa»...

Los clientes no las tratan mal. Algunos son amables e incluso cariñosos. Pero en la calle las miran con asco. Muchos de los que las miran así luego irán con ellas y serán en la cama muy femeninas. «Dicen: yo hago como si fueras una mujer, te puedo comer esto y esto», y Kati les dice: «Bueno, si tú lo deseas...». Muchos de los clientes están casados y confiesan que han sentido más placer con el *travestí* que con la esposa. Kati dice que los clientes aseguran que ella es «más cariñosa». Algunos clientes mienten, engañan. La mayoría son trabajadores porque las *travestís* de la Rambla son las más baratas. Kati admira a las *travestís* que van a la Rambla de Catalunya, más caras, más finas, más jóvenes, más guapas, más «mujeres». Kati dice que, por ejemplo, ella no se puede comparar con una mujer como Samantha. Y es que al lado de Samantha, Kati se encuentra «basta», vulgar.

Kati trabajaba en un bar de *gays*, pero la echaron. Y ahora está en la calle y casi no gana ni un duro. Kati vive al día. «Ahora la cosa ha aflojado, los clientes dicen que pedimos mucho.» Suelen pedir, en las Ramblas, mil quinientas. Dice Kati que ella se acompleja ante las *travestís* caras, «porque son más guapas de cara, de cuerpo», aunque hay hombres que no miran la belleza sino el comportamiento en la cama. Hay quien va por la vida creyéndose una princesa y dicen: «¡Ay!, ¡no me toques aquí!». Y hay que complacer al cliente, piensa Kati. Pues hay de todo, el que lo saborea y el que va y bum, bum, bum...

Kati ha estado enamoradísima de un hombre con el que ha convivido nueve años. «Nos peleamos a cada instante, pero le quiero y creo que él también a su manera.» Pero su «marido» no lo acepta conforme es ahora, porque es muy serio, no es de esos que van por la calle besuqueándote... Kati le hace la comida y aguanta, aguanta. Si se va con otra mujer a Kati no le da rabia, sobre todo si no la ve. Kati sabe que va con otra para darle rabia, va con otra después de una pelea. «A él no le gusta mi trabajo. Cuando iba de hombre le parecía bien. Soy más sincera así, pero él no lo quiere comprender. Antes me presentaba a todo el mundo como su sobrina, no como su mujer.» Kati se pirraría por que un hombre la llevara por la calle del bracete y la considerara su mujer y la presentara así... «Esto me hace sufrir, me gustaría que él no tuviera complejos.»

Muchos no van de mujer, dice Kati, por no perder a la familia, el trabajo. La familia de Kati no lo entiende.

> —Me dicen: ¿por qué vas de mujer, por qué te pones pechos? Yo les digo que siempre me he considerado una mujer. Yo ya me consideraba antes «femenino» y si no iba como yo era lo hacía por la familia. Conozco a mariquitas que trabajan en una fábrica y esperan ansiosos el día de Carnaval para vestirse como una mujer. Yo lo hago todo el año.

Kati mira detenidamente a la que esto escribe y dice: «Fíjate, tengo menos vello que tú en las piernas y en los brazos. Me encantaría tener la cara lisa, pero, ya ves, no hay manera». Ha entrado una, altísima y con un pelucón en la cúspide. Pide la cera a Kati, la mami. Me mira a través del espejo. No sabría clasificar la mirada: ¿complicidad, competencia, desafío?

Kati se viste con una larga capa de tul, princesita de la noche del Barrio Chino. Alma de mujer. Y Kati concluye:

—Ahora me siento más feliz que antes.

Fin

Haría falta hablar con los hombres que van con *travestís*. Honrados y paternales esposos. Hombres dignos, de americana y corbata. Que sienten asco públicamente y ansias de ternura en privado. Muertos de miedo, agazapados tras la sólida estructura bíblica de la respetabilidad. En una sociedad permisiva resulta aburrido ir de putas. Hay que buscar el goce del pecado donde lo haya. En la España de hoy quedan pocos pecados. Uno de ellos es tirarse a un *travestí*. A Kati, que ha escogido su destino. Quizá a Kati le encantaría cuidar niños. Pero ¿qué madre dejaría sus hijos en manos de un *travestí*? O sería una eficiente camarera. Los que le niegan este trabajo quizá se encuentran con ella en una noche rutilante de amor y de sexo y vivan, maravillados, una historia oriental y fantástica. A la mañana siguiente, otra vez la oficina. La tela de araña. Willy es un obrero de taller a quien le encantaría vestirse de mujer. Pero tiene que representar un papel: el pene, los huevos y el escroto, así se lo han marcado desde pequeñito.

Son desafiantes y provocadoras. Saben que no tienen nada que perder porque lo han perdido todo. El homosexual de chaqueta y corbata puede presidir un consejo de administración, ser un buen padre de familia. Un campeón en la vida. Por el contrario, estas reinas y princesitas de la noche han escogido deliberadamente la cloaca, la marginación, la apariencia visual del segundo sexo. Mis ropas, mis ademanes. Se sienten mujeres. Pero no son como yo: su cuerpo no fluye mensualmente, no vibra por las pequeñas pero vívidas transformaciones de la maternidad. Sin embargo, son explotadas en la calle y en el espectáculo, les espera una vejez de soledad y desamparo, se convierten en juguetes «raros» y «exóticos» que sirven para canalizar el desahogo de la mujer que todo hombre lleva dentro. Los hombres se sienten atraídos por ellas pero al mismo tiempo las repudian. Que un hombre se vista de este ser despreciable llamado «mujer» es una desfachatez considerable. Y, además, se visten sin posibilidad de dignificación. No de Virgen, ni de Madre. Sino de Sexo.

No obstante, ¿«son» mujeres? No lo sé. Se parecen a mí, pero no son como yo. En mí hay algo biológico que fluye y se transforma. ¿Son hombres? Tampoco. Son todo y nada. Quizá Samantha tenga razón cuando dice que quizá pertenezcan al tercer sexo, pero que puede ser apasionante descubrir el cuarto. Y el quinto. Todos los sexos del mundo. Hecho de infinitas partículas una vez haya sido borrada para siempre la maldita maldición bíblica.

NOTAS

Estudio introductorio. La heterosexualidad como problema

1. Di Febo, G., *La santa de la raza. Un culto barroco en la España franquista*, Icaria, 1988, pág. 35.
2. *Ibid.*, pág. 35.
3. Althaus-Reid, M., *La teología indecente. Perversiones teológicas en sexo, género y política*, Ediciones Bellaterra, 2005, págs. 142-143.
4. Primo de Rivera, J. A., *Dignidad humana y justicia social*, Ediciones del Movimiento, 1957, pág. 17.
5. *Ibid.*, pág. 15.
6. Moraga García, M. A., «Notas sobre la situación jurídica de la mujer en el franquismo», en *Feminismo/s*, 12 de diciembre de 2008.
7. Roig, M., «La mística de la maternidad», pág. 74.
8. La cursiva es mía.
9. Primo de Rivera, J. A., *op. cit.*, pág. 17.
10. Roig, M., «La pornografía no libera a la mujer...», pág. 103.
11. Esteve Miràngels, en un momento determinado, se desvela como homosexual. Sin embargo, su identidad no impide que asuma su rol en la *matrix* heterosexual, como sujeto de dominación. Como veremos, la heterosexualidad no es una identidad.
12. Roig, M., «La venganza de los débiles», pág. 68.
13. Roig, M., «La pornografía no libera a la mujer...», pág. 103.
14. No se equivocó. Hoy en día, en el Reino Unido se contabili-

zan ya más mujeres solteras que casadas. El rechazo a compartir vida con un hombre, al menos en el Reino Unido, va en aumento. Las mujeres que, por el contrario, optan por la convivencia suelen hacerlo obligadas por cuestiones económicas tales como el acceso a la vivienda, pero en raras ocasiones por cuestiones meramente sentimentales.

15. Roig, M., «¡Quitadme el sexo!», pág. 129.
16. Roig, M., «Ningún indicio de suciedad», pág. 64.
17. Roig, M., *Tiempo de cerezas*, Argos Vergara, 1980, pág. 208.
18. *Ibid.*, pág. 45.
19. Roig, M., *Ramona, adiós*, Consonni, 2023, pág. 142.
20. Althaus-Reid, M., *op. cit.*, págs. 135-136.
21. Lessing, D., *El cuaderno dorado*, Debolsillo, 2022, pág. 701.
22. Roig, M., «¡Quitadme el sexo!», pág. 129.
23. Althaus-Reid, M., *op. cit.*, pág. 145.
24. *Ibid.*
25. *Ibid.*, pág. 142
26. *Ibid.*
27. Roig, M., «La telaraña», pág. 119.
28. Roig, M., «El futuro ya no es lo que era», pág. 113.
29. Roig, M., «Ningún indicio de suciedad», pág. 64.
30. Roig, M., «La contracepción», pág. 157.
31. Roig, M., «La venganza de los débiles», pág. 68.
32. Roig, M., «Me gustas tú», pág. 67.
33. *Ibid.*, pág. 67.
34. Butler, J., *Mecanismos psíquicos del poder. Teorías sobre la sujeción*, Cátedra, 2001, pág. 18.
35. Roig, M., «La telaraña», pág. 119.
36. Roig, M., «La venganza de los débiles», pág. 68.
37. Roig, M., «Un nombre propio», pág. 127.
38. Roig, M., «Un seguro de amor», pág. 115.
39. González Palacios, H., «La virginidad femenina en la Grecia antigua. Una mirada desde el parentesco», en *Antropología Experimental*, n.º 20, texto 17, págs. 237-248, 2020, <http://revistaselectronicas.ujaen.es/index.php/rae> [consultado el 2 mayo de 2023].
40. *Ibid.*
41. Roig, M., «La herida que chorrea», pág. 146.
42. *Ibid.*, pág. 146.
43. Pitt-Rivers, J., *Antropología del honor*, Crítica, 1979, pág. 29.

Citado en González Palacios, H., «La virginidad femenina en la Grecia antigua», *op. cit.*

44. Nota del texto original: Rich, A., *Nacida de mujer*, Edit. Noguer, 1978.
45. Roig, M., «La contracepción», pág. 157.
46. Roig, M., «La herida que chorrea», pág. 146.
47. Roig, M., «La mística de la maternidad», pág. 74.
48. Althaus-Reid, M., *op. cit.*, págs. 142-143.
49. Roig, M., «Me gustas tú», pág. 67.
50. Roig, M., «El divorcio de los sexos», pág. 97.
51. Roig, M., «La herida que chorrea», pág. 146.
52. *Ibid.*, pág. 146.
53. Roig, M., «O la perla o la autonomía», pág. 124.
54. Althaus-Reid, M., *op. cit.*, pág. 101.
55. Roig, M., «Bella con pene», pág. 203.
56. Roig, M., «El sol y la luna», pág. 205.
57. Roig, M., «¿Mujeres o personas?», pág. 139.
58. Roig, M., «Y Helena, ¿estaba de acuerdo?», pág. 177.
59. Roig, M., «¡Quitadme el sexo!», pág. 129.
60. Roig, M., «Un nombre propio», pág. 127.

El patriarcado católico

1. Nota en el texto original: Véase lo que dicen el doctor Fábregas y Alicia Roig, psiquiatras del Hospital Clínico, en el número de *Vindicación* ya citado. Nota de la autora: Se refiere a la revista *Vindicación feminista*, n.º 19, 1 de enero de 1978.
2. Nota del texto original: Arthur M. Hocart, *Mito, ritual y costumbre*, Siglo XXI, 1975.
3. Nota del original: Levítico, 15:2.
4. Nota del original: Génesis, 9:7.
5. Nota del original: Jueces, 11:29-40.
6. Nota del original: Samuel, 1:1-20.
7. George Frazer, *La rama dorada*, Fondo de Cultura Económica, 1944, pág. 53.
8. Juliet Mitchell, *Psicoanálisis y feminismo*, Anagrama, 1976.
9. Nota del original: Studium, 1949.

10. Nota del original: 12:1-3.
11. Nota del original: Frazer, *op. cit.*
12. Nota del original: *op. cit.*
13. Nota del original: *Vindicación*, ya citada.
14. Nota del original: Albert Balcells, *Trabajo industrial y organización obrera en la Cataluña contemporánea, 1900-1936*, Laia, 1974.

Follar y amar (así en la cama como en el salón)

1. Nota del original: José Ilario Font, en *Vindicación Feminista*, n.º 28, julio de 1978.
2. Nota del original: Citado por Kate Millett, *Política sexual*, Aguilar, págs. 271-273.
3. Nota del original: *Cuadernos para el diálogo*, abril de 1978.
4. Nota del original: *El País semanal*, 3 de abril de 1977.
5. Nota del original: *...Y líbranos del amor*, Caralt, 1978.
6. Nota del original: *Interviú*, n.º 128, del 26 de octubre al 1 de noviembre de 1978.
7. Nota del original: Citado por Susan Brogger en *...Y líbranos del amor.*

Ante el espejo del mundo

1. Nota del original: Publicado en *Vindicación Feminista*, diciembre de 1979, n.º 29, y en *Nous Horitzons*, diciembre de 1979.

Un secuestro ontológico

1. Nota del original: Génesis, 3:15-21.
2. Nota del original: Eva Figes, *Actitudes patriarcales: las mujeres en la sociedad*, Alianza Editorial, Madrid, 1972.
3. Nota del original: Génesis, 2:23.
4. Nota del original: El poeta Pere Quart ha escrito en uno de sus últimos poemas: «*A parer meu, qualsevol dona, així / és un home de sexe femení*».

5. Nota del original: Bruno Bettelheim, *Psicoanálisis de los cuentos de hadas*, Editorial Crítica, 1977, pág. 306.

6. Nota del original: Gérard Zwang, *La fonction érotique*, ed. Laffont. Citado por Benoîte Groult en *Ainsi soit-elle*, Grasset, 1975 (publicado en castellano en Editorial Argos-Vergara, 1978).

7. Nota del original: *Persona*, en latín, era la máscara que se colocaban los actores al salir a escena.

8. Nota del original: Ver el excelente reportaje sobre la locura femenina que Txiki Laorden, junto con Alicia Fajardo y Pilar Mosqueda, han publicado en *Vindicación Feminista* (1-I-1978), n.º 19.

9. Nota del original: Michel Foucault, *Historia de la sexualidad*, Siglo XXI, 1977.

10. Nota del original: Levítico, 15:19-24.

11. Nota del original: *Le Fait Feminin*, Fayard, 1978.

12. Nota del original: Armanda Giudicci, *op. cit.*, pág. 126.

13. Nota del original: Ed. Grasset, 1974.

14. Nota del original: Juliet Mitchell, *op. cit.*

15. Nota del original: *La Vanguardia*, 6 de septiembre de 1979.

16. Nota del original: Adrienne Rich, *Nacida de mujer*, Edit. Noguer, 1978.

17. Nota del original: Benoîte Groult, *op. cit.*

18. Nota del original: Adrienne Rich, *op. cit.*

19. Nota del original: Carmen San Sebastián, *op. cit.*

20. Nota del original: *Ibid.*

21. Nota del original: Dra. Asunción Villatoro y Magda Oranich, *¿Qué es el aborto?*, Biblioteca Salud y Sociedad, Editorial Gaya Ciencia, 1977.

22. Nota del original: Benoîte Groult, *op. cit.*

23. Nota del original: Annie Leclerc, *Parole de Femme.*

24. Nota del original: Versión castellana de María Rosa Obiols.

25. Nota del original: Simone de Beauvoir, *El segundo sexo.*

26. Nota del original: *Vindicación*, ya citada.

Feminismo: esa filosofía de segunda

1. Nota del original: Las cursivas son del autor.

2. Nota del original: Aunque no sea el tema del artículo, no quie-

ro olvidar aquí que, además de la supremacía de un sexo por encima del otro, están las supremacías de unas civilizaciones sobre otras, de unas clases sobre otras, de unas razas sobre otras. Durante siglos y siglos, la Historia ha sido escrita por los poderosos o por los que han recibido la protección del poderoso. Hay culturas como la azteca, la cual ha sido aniquilada bajo la fuerza y el poder del colonizador. Pero detrás de todo oprimido hay alguien que todavía lo es más: su mujer. Tras el hombre azteca está la mujer azteca.

3. Nota del original: Las cursivas son del autor.

4. Nota del original: No hay que bucear demasiado en los libros ni en la ciencia antropológica. Una visita a cualquier museo nos daría la razón. Por ejemplo, en el British Museum, los relieves del antiquísimo arte asirio solo muestran escenas de guerra y caza y de adoración a los dioses. No hay ninguna escena doméstica, ninguna mujer. Solo cuando se trata de mostrar un cortejo de prisioneros árabes encabezados por su reina.

5. Nota del original: *Il Manifesto*, 30 de diciembre de 1976, pág. 5.

6. Nota del original: Editorial Bruguera, Barcelona, 1978.

7. Nota del original: Silvia Bovenschen, *Die imaginierte Weiblichkeit*, ed. Surkamp, n.º 921, 1979.

8. Nota del original: Editorial Noguer, Barcelona, 1977.

9. Nota del original: Editorial Noguer, Barcelona, 1978.

10. Nota del original: Editorial Ultramar, 1979.

11. Nota del original: Publicado en *La Hoja del Lunes*, Barcelona, junio de 1979. Nota de la editora: He incluido este artículo porque es revelador sobre la posición intelectual de Montserrat Roig hacia Simone de Beauvoir. Se trata, a diferencia del resto de textos, de un artículo periodístico de entre tantos que escribió.

Trans*histórico*

1. Nota del original: Publicado en *Penthouse*. Nota de la editora: De nuevo, nos hallamos ante un conjunto de artículos ya publicados, con estilo periodístico, no teórico. Sirva, sin embargo, como documento histórico en que Montserrat Roig se volcó a conocer la realidad, por aquellos años, a principios de los ochenta, todavía dura, de las personas transexuales cuya existencia, por primera vez desde el inicio del franquismo, dejaba al fin de ser ilegal.

Impreso en España